Karin Schaffner

Mit allen Sinnen die Welt erfahren

Liebe Bettina,
lieber Dieter!

Herzlichen Glückwunsch!
Zugegeben, dieses Buch wird noch ein wenig im Regal stehen, bis Jakob Franz etwas davon hat. Aber wir haben uns sagen lassen, daß Kinder schneller groß werden, als Eltern oft meinen!

Euch beiden alles Gute!

Elke & Jürgen

Inhalt

Karin Schaffner

Mit allen Sinnen die Welt erfahren

Geschichten und Spielanregungen
für Kinder und Eltern

Mit Illustrationen von
Ingrid Then-Müller

Herder
Freiburg · Basel · Wien

Herstellung: Freiburger Graphische Betriebe 1997
Gedruckt auf umweltfreundlichem, chlorfrei gebleichtem Papier
ISBN 3-451-26283-5

Vorwort

Kinder lernen durch Spiel und Bewegung. Daß dabei die geistige, körperliche und seelische Entwicklung gefördert wird, ist ihnen nicht bewußt. Für sie stehen Spaß und Lust im Vordergrund.

Die Eltern aber wissen oder spüren intuitiv, welche Bedeutung Spiel und Bewegung für ihr Kind haben. In dieser Perspektive möchte ich mit dem vorliegenden Buch Spielanleitungen und Interpretationsansätze liefern, die noch einmal bewußt vor Augen führen, wie notwendig ausreichende Bewegung für die gesunde körperliche Entwicklung des Kindes ist, wie eng die soziale Entwicklung mit der Bewegung verknüpft ist, wie die Persönlichkeitsentwicklung und das Selbstwertgefühl eines jeden Kindes von der Bewegungserfahrung mitgeprägt werden, wie vielfältige Sinnes- und Bewegungserfahrungen zu einer optimalen Entwicklung des Gehirns beitragen und Einfluß auf die Sprachentwicklung nehmen, kurz, wie Körper, Geist und Seele eine Einheit bilden und ganzheitlicher Förderung bedürfen.

Geben Sie Ihrem Kind die Möglichkeit, mit allen Sinnen die Welt zu entdecken, und bemühen Sie sich darum, daß in seinem Umfeld Vertrauen und Lebensfreude herrschen. Lassen Sie Ihr Kind spielen, und spielen Sie mit Ihrem Kind. Lassen Sie Ihr Kind vielfältige Sinnes- und Bewegungserfahrungen machen. Sprechen Sie viel mit Ihrem Kind. Erzählen Sie ihm, und hören Sie ihm aufmerksam zu. Geben Sie Ihrem Kind Geborgenheit und Liebe. So hat Ihr Kind die besten Voraussetzungen, sich zu einem gesunden und glücklichen Menschen zu entwickeln.

Die Aylin-Geschichten sind in erster Linie zum Vorlesen gedacht. Bereits zweieinhalbjährige Kinder können sich sehr gut in Aylin hineinversetzen und verfolgen mit großem Vergnügen und innerer Anteilnahme deren Erlebnisse mit Oma. Gleichzeitig möchten die Geschichten zur Nachahmung anregen.

Auch Ihrem Kind wird es Spaß machen, wenn Sie neue Wörter und Quatschgeschichten mit ihm erfinden, andere „Aylin-Spiele" ausprobieren und so gemeinsam neue Wege finden, die Welt mit allen Sinnen zu entdecken.

Dabei wünsche ich Ihnen viel Spaß und hoffe, daß Sie sich die nötige Zeit nehmen und Ihrer Phantasie freien Lauf lassen können.

Karin Schaffner

1
Freude am Sprechen

Sprechen ist eng mit dem Hören verbunden, und deshalb ist es wichtig, kleinen Kindern eine „sprachreiche" Umgebung zu bieten. Doch Sprechen ist auch eng mit der Motorik – also der Bewegung – verbunden, und das ist ganz wichtig zu wissen. Je mehr Bewegungserfahrung ein Kind macht, desto besser kann sich auch seine Sprache entwickeln.

Immer mehr Kinder haben heute eine verzögerte Sprachentwicklung oder Sprachstörungen, und Bewegungsmagel gilt als eine der Ursachen für diese Phänomene.

Bieten Sie Ihrem Kind also ausreichend Gelegenheit zum Laufen, Springen, Kullern, Klettern, Hüpfen und Balancieren.

Wenn unsere Kinder sprechen lernen sind wir immer wieder erstaunt und voller Bewunderung über diese unglaubliche Fähigkeit, sich durch Sprache mitzuteilen. Übrigens lernt der Mensch nie wieder so leicht und spielerisch eine Sprache wie in seiner Kindheit. Eine „bewußte" Sprachförderung seitens der Eltern ist problematisch und ist nicht unbedingt von Erfolg gekrönt – im Gegenteil.

Für Sie als Eltern ist es wichtig, viel mit Ihrem Kind zu sprechen, zu spielen, ihm vorzulesen, zu erzählen und ihm zuzuhören, auch wenn das manchmal etwas Geduld erfordert.

So schaffen Sie die besten Voraussetzungen dafür, daß das Kind in seinem späteren Leben immer die richtigen Worte findet.

Draußen ist es bäbä

Aylin wacht bei Oma im Bett auf.

„Oma, aufstehn!" ruft Aylin.

Oma will noch nicht aufstehn.

„Wir bleiben noch im Bett. Draußen ist es noch ganz dunkel", flüstert Oma.

„Draußen ist es bäbä", sagt Aylin.

„Das heißt dunkel, Aylin. Draußen ist es dunkel", flüstert Oma.

„Draußen ist es bäbä", sagt Aylin und lacht.

„Draußen ist es dunkel, dunkel, dunkel", erklärt Oma.

„Draußen ist es ...", Aylin kann vor Lachen nicht weitersprechen.

Oma ist inzwischen ganz wach und fragt gespannt:

„Draußen ist es ???"

„Bäbä!" lacht Aylin. „Draußen ist es bäbä."

„Also gut", sagt Oma, „draußen ist es bäbä, und wir stehen jetzt auf."

Das gefällt Aylin, und sie klettert aus dem großen Oma-Bett.

Wörter erfinden oder Begriffe verändern (dunkel = bäbä) macht Kindern sehr viel Spaß. Sie gewinnen ein sicheres Gefühl für die Sprache. Kinder – und Eltern – entwickeln erstaunliche Phantasie und Kreativität: Probieren Sie es einmal, wenn Ihr Kind sich ganz arg langweilt.

Bahn frei – Kartoffelbrei

Aylin und Oma haben eine Matratze in den Flur gelegt.

Sie wollen mit Anlauf auf die Matratze springen.

„Bahn frei – Kartoffelbrei!" ruft Aylin, rennt los und wirft sich auf die Matratze.

Jetzt ist Oma dran.

„Bahn frei – Sauerkraut!" ruft Oma und Aylin lacht.

„Bahn frei – Kartoffelbrei heißt das", erklärt Aylin der Oma.

Sie macht es noch einmal vor, und Oma probiert es zum zweiten Mal.

„Bahn frei – Kartoffelkloß!" ruft Oma, rennt los und wirft sich auf die Matratze.

Halt, das war doch schon wieder falsch!

Falsch, aber lustig!

Beim nächsten Mal kann Aylin vor Lachen kaum sprechen.

Dann ruft sie: „Bahn frei – Sauerkraut!"

Kinder lieben Reime und Wiederholungen. Das haben Sie sicher schon oft erfahren. Absichtliche Fehler machen Kindern großen Spaß: Sie freuen sich, wenn sie sie verbessern können. Die Reime sollten jedoch von den Kindern schon sicher beherrscht werden, sonst gibt's statt Spaß nur Frust.

Kikeriki – Miau

Mitten in Aylins Teller ist ein Gockelhahn gemalt.

Ist der Teller voll Essen, ist der Gockelhahn weg.

Ist der Teller leer, ist der Gockelhahn wieder da.

Das gefällt Aylin.

Oma und Aylin sitzen am Tisch und essen.

Aylins Teller ist fast leer.

Der Gockelhahn ist schon zu sehen.

„Hallo Gockelhahn!" ruft Aylin.

Der Gockelhahn sieht schön aus. Er streckt den Kopf hoch, und sein Schnabel ist weit auf.

Ob Aylin noch weiß, was der Gockelhahn schreit?

„Miau", ruft Aylin.

„Was", fragt Oma, „der Gockelhahn macht Miau?"

„Miau", lacht Aylin.

Na sowas.

Oma denkt nach. Dann fragt sie Aylin, was die Katze macht.

Aylin verschluckt sich fast vor Lachen.

„Die Katze macht Kikeriki!"

Oma merkt, daß Aylin Quatsch macht und lacht auch.

„Na, warte du Frechdachs, du Quatschtüte!" Sie kitzelt Aylin.

Aylin fällt vor Lachen fast der Löffel aus der Hand.

„Gleich ist der Gockelhahn da", sagt Oma, und Aylin ißt ihren Teller leer.

Wenn die Kinder es bereits gelernt haben, verschiedenen Tieren die jeweils richtige „Tiersprache" zuzuordnen, wird aus gewollten Verwechslungen ein echter Spaß.
Die Kinder können ihrer Phantasie freien Lauf lassen, lachen und sich gegenseitig verbessern.
Wieder wird die Sprachsicherheit des Kindes gefördert, und mit ein wenig Glück wird Ihr Kind später zu jenen Menschen gehören, die ihr Leben humorvoll begehen.

Im Vogelmuseum

Im Vogelmuseum gibt es viele verschiedene Vögel.

Aylin staunt.

Sie staunt über den großen Seeadler mit dem Fisch im Schnabel.

Sie staunt über den Specht, der die Rinde vom Baum pickt und Käfer darunter sucht.

Sie staunt darüber, daß der Schnabel des Löfflers wie ein Löffel aussieht, und sie lacht über die grünen Beine des Grünschenkels.

Zuhause sagt Oma: „Aylin, weißt du, welcher Vogel du bist? Du bist mein kleiner Spatz!"

Aylin lacht.

„Weißt du, welcher Vogel du bist, Oma?"

„Nein", sagt Oma.

„Du bist mein Schwarzschenkel", lacht Aylin und zeigt auf Omas schwarze Strumpfhosen-Beine.

Oma lacht auch und stolziert mit ihren schwarzen Beinen wie ein richtiger Schwarzschenkel-Vogel durchs Zimmer.

Wenn Sie mit Ihrem Kind ins Museum gehen möchten, suchen Sie sich am besten eines heraus, das thematisch zum Alter und den Lebensrealitäten Ihres Kindes paßt. Befreien Sie sich auch ohne schlechtes Gewissen von allem kulturellen Übereifer, und begrenzen Sie die Auswahl der Dinge, die Sie gemeinsam mit Ihrem Kind anschauen, bestaunen, begreifen und besprechen möchten. Oftmals gehen wenige aber intensive Erlebnisse mehr unter die Haut als eine Flut von neuen Eindrücken. Wie das Beispiel zeigt, kann auch hier wieder mit neuen Begriffen und der Sprache gespielt werden (der Spatz und der Schwarzschenkel-Vogel). Nur keine Hemmungen!
Wie im vorherigen Spiel werden hier der Sprachschatz sowie Kreativität und Humor gefördert.

Ein Lied verändert sich

Aylin und Oma singen:
Es war eine Mutter, die hatte vier Kinder,
den Frühling, den Sommer, den Herbst und den Winter.
Der Frühling bringt Blumen, der Sommer bringt Klee,
der Herbst bringt uns Trauben, der Winter bringt Schnee.

Oma geht aus dem Zimmer.
Sie hört Aylin singen:
„Es war eine Mutter, die hatte drei Kinder …"
„Vier Kinder!" ruft Oma ins Zimmer.
Aylin fängt nochmal von vorne an:
„Es war eine Mutter, die hatte zwei Kinder …"
„Vier Kinder!" ruft Oma.
Sie hört Aylin lachen. Nun weiß Oma, daß Aylin Quatsch macht.

Da fängt Aylin wieder zu singen an:

„Es war eine Mutter, die hatte" – Oma spitzt die Ohren – „viele Kinder ..."

Schon wieder falsch!

„Vier Kinder!" ruft Oma und lacht.

Aylin beginnt von vorne:

„Es war eine ..." Aylin kann vor Lachen nicht mehr weiter singen.

Oma kommt ins Zimmer zurück und lacht mit.

Das war aber lustig, was Aylin sich da ausgedacht hat, denkt Oma.

Aber Aylin ist noch nicht fertig.

Sie singt: „Es war eine Oma, die hatte zwei Kinder ..."

„Ja, das stimmt", lacht Oma und nimmt Aylin in den Arm, „und das eine von meinen beiden Kindern ist deine Mama."

Nun hat Aylin Lust, mit Oma zu schmusen. Sie legt ihre Arme um Omas Hals, gibt ihr einen Kuß und sagt:

„Meine liebste Omika!"

Wenn Ihr Kind den Text eines Liedes bereits auswendig kennt, wird es ihm nach einer Weile besonderen Spaß machen, diesen frei umzudichten, Worte zu ersetzen, andere Strophen zu erfinden, usw. Wenn sie sich als Erwachsener dann auch darauf einlassen und mitspielen, wird der Spaß doppelt so groß – womöglich auch für Sie.

Im Schlaraffenland

Oma erzählt Aylin vom Schlaraffenland.

„Dort gibt es die feinsten Speisen.

Aus den Wasserhähnen fließt Kaba, und aus den Springbrunnen sprudelt Limo heraus."

Das gefällt Aylin.

„In den Bächen fließt Apfelsaft", erzählt Oma, „da legt man sich einfach auf den Bauch und trinkt."

Das gefällt Aylin noch besser.

„An den Bäumen hängen die leckersten Sachen, zum Beispiel ..." Oma denkt nach.

„Gummibären!" ruft Aylin.

„Zum Beispiel Gummibären", sagt Oma, „rote, gelbe, orangefarbene und rosa Gummibären."

„Und Schokoladenkäfer krabbeln da!" ruft Aylin.

„Schokoladenkäfer krabbeln da", sagt Oma, „und Spaghettis hängen an den Ästen."

„Einen Bonbon-Baum gibts auch!" ruft Aylin.

Oma staunt, wieviele Ideen Aylin hat.

Dann gehen sie in die Küche und holen sich ein Stückchen Schokolade.

Hm, das schmeckt.

Nehmen Sie sich die Zeit und werden Sie gemeinsam mit Ihrem Kind zum Erzähler. Sie werden ein tolles Gemeinschaftsgefühl empfinden und können gleichzeitig sicher sein, daß Sie die Phantasie Ihres Kindes stimuliert und sein Sprachvermögen gefördert haben.

Eine Quatschgeschichte erfinden

Oma erzählt Aylin Quatschgeschichten.

Eine Quatschgeschichte, und noch eine Quatschgeschichte, und noch eine Quatschgeschichte.

Aylin will immer noch mehr hören.

In den Quatschgeschichten ist alles verkehrt und lustig.

Der Vater putzt sich mit dem Rasierapparat die Zähne, die Kartoffeln werden zerhackt, und das Holz kommt in den Kochtopf, beim Schlafen kommen die Füße auf das Kopfkissen und gegessen wird vom Stuhl.

Aylin fällt vor Lachen fast vom Sofa.

Als Oma eine Pause macht, will Aylin eine Quatschgeschichte erzählen.

Das gefällt Oma. Sie freut sich auf Aylins Quatschgeschichte.

Aylin fängt an:

„Wir haben im Kindergarten eine Putzfrau." Oma hört gut zu.

„Weil der Kindergarten immer so schmutzig ist. Weil wir immer alles so schmutzig machen."

Oma ist gespannt, wie es weiter geht.

„Und die Putzfrau putzt dann alles wieder sauber", sagt Aylin. „Und dann ..." lacht Aylin, „und dann ..." Aylin kann vor Lachen fast nicht weitersprechen.

„Was dann?" fragt Oma gespannt.

„Und dann trinkt sie den Eimer aus", lacht Aylin.

„Igitt!" ruft Oma.

Aylin und Oma halten sich den Bauch vor Lachen. Das ist wirklich eine lustige Quatschgeschichte.

Wenn Ihr Kind mit Lust quatschige Geschichten erfindet, so zeugt das in Wahrheit von dessen Realitätssinn und seinem gleichzeitigen Sinn für Witz und Spaß. Wir müssen hier gar nicht betonen, daß auch Geschichtenerfinden ein hervorragendes Mittel zur Sprachfestigung darstellt.

Aylin – Mondmädchen

Aylin ist ein türkischer Name.

Aylin bedeutet Mondmädchen.

Oma gefällt es gut, daß Aylin ihr Mondmädchen ist.

„Ich möchte auch so einen schönen Namen haben", seufzt Oma.

„Mir gefällt dein Name", sagt Aylin.

Aber Oma ist immer noch traurig, weil ihr Name nichts Besonderes bedeutet.

Aylin hat eine Idee: „Ich geb dir einen schönen Namen dazu!"

Das gefällt Oma. Welchen Namen ihr Aylin wohl gibt?

„Du bist meine Sternen-Oma", sagt Aylin, „und ich bin dein Mondmädchen." Das gefällt Oma.

Abends schauen die Sternen-Oma und ihr Mondmädchen in den dunklen Himmel.

Sie sehen den Mond und die Sterne.

Groß und Klein macht es Spaß Namen und Begriffe zu erfinden. Dabei gewinnt das Kind ein zunehmend sicheres Gefühl für die Sprache.

Frau Nein

Die Sonne scheint.

Oma möchte spazierengehen.

Ob Aylin Lust hat mitzukommen?

„Nein", sagt Aylin.

Vielleicht hat Aylin Lust, mit Oma die Rehe im Tiergehege zu füttern.

„Nein", sagt Aylin.

Vielleicht hat Aylin Lust, im Sandkasten zu spielen?

„Nein", sagt Aylin.

Vielleicht hat Aylin Lust, auf dem Spielplatz zu schaukeln?

„Nein", sagt Aylin.

„Bist du vielleicht die Frau Nein?" fragt Oma.

„Nein", lacht Aylin.

Hm. – Oma denkt nach.
Vielleicht hat Aylin Lust auf Eisessen? Und was sagt Aylin nun?
„Ja!“ sagt Aylin.
Oma und Aylin machen einen Spaziergang zur Eisdiele.
„Du bist doch nicht die Frau Nein“, sagt Oma zufrieden.

Wenn Ihr Kind Ihnen ständig ein trotziges „Nein“ entgegenwirft, so ist das für Sie wahrscheinlich anstrengend und zerrt an den Nerven. Ihr Kind hingegen erlebt einen Moment der Macht. Wie oft fühlt es sich Ihnen gegenüber klein und schwach. Mit seinem „Nein“ kämpft es um seinen Willen und verweigert sich.
Geben Sie Ihrem Kind ruhig das Gefühl, daß sein „Nein“ ernstgenommen wird.
Guten Menschenverstand vorausgesetzt, sollten Sie so oft wie möglich versuchen, Ihrem Kind nicht den Willen zu brechen. Sie werden so eine vertrauensvolle Beziehung zu Ihrem Kind aufbauen und ihm helfen, ein gutes Selbstwertgefühl zu entwickeln.

Was die Zunge alles kann

„Schau Aylin", sagt Oma, „meine Zunge kann eine Beule in meine Backe machen."

Aylin schaut.

Tatsächlich – Omas eine Backe hat eine Beule. Die Beule verschwindet und dann kommt sie wieder, und plötzlich ist die Beule in der anderen Backe.

Aylin versucht es auch und bohrt ihre Zunge in die eine Backe.

„Oh", ruft Oma, „deine Backe hat auch eine Beule!"

Aylin lacht: „Die Beule kann wackeln!"

Oma schaut.

Die Beule in Aylins Backe bewegt sich auf und ab und hin und her.

Oma versucht es auch und schon wackelt ihre Backenbeule.

„Die Zunge kann auch schnalzen", sagt Aylin, und sofort schnalzen beide ganz laut. Das knallt!

„Die Zunge kann auch die Nasenspitze und das Kinn besuchen", behauptet Oma. Aber das stimmt nicht. Oma strengt sich an. Sie macht ihre Zunge so lang wie möglich, aber ihre Zungenspitze kommt nicht zur Nase oder zum Kinn. Auch Aylins Zunge schafft es nicht.

Die Zungenspitze kann auch jeden Zahn im Mund besuchen. Oma und Aylin fühlen, wie scharf und spitz die Zähne sind. Dann formen sie mit ihrer Zunge eine Regenrinne.

Das ist sehr, sehr schwer, und sie müssen lange probieren.

Oma freut sich, als sie es geschafft hat.

Aylin sitzt ganz lange mit ihrer Regenrinnenzunge da.

Sie schaut auf die brennende Kerze am Tisch und hat eine Idee.

Aylin will aus der Regenrinne eine Luftrinne machen.

Sie geht nahe an die Kerze und bläst viel Luft durch die Luftrinne gegen die Flamme.

Die Kerze geht aus.

So ist aus der Regenrinne eine Luftrinne geworden.

Oma und Aylin sitzen im Dunkeln und lachen.

Viele Kinder haben heute Sprechstörungen, weil zu wenig mit ihnen gesprochen wird und sie selbst nicht genug sprechen. Ihr Kind lernt einfacher sprechen, wenn es Sie nachahmen kann.
Ohne Ihr Kind mit Worten zu überfluten, sprechen Sie mit ihm, es wird es Ihnen danken.
Sie können durchaus auch spielerisches Sprachtraining machen: z. B. indem sie Ihrem und Ihres Kindes Mund die tollsten Geräusche ablocken. Schmatzen, Schnalzen, Prusten, usw.
Auch Ihren größeren Kindern wird die „Zungenturnstunde" Spaß machen.

Die Puppe Carlotta ist müde

Aylin und Oma spielen mit der Puppe Carlotta.

Draußen ist es schon dunkel, und die Puppe Carlotta ist müde.

Sie muß ins Bett.

Aber vorher muß sie noch Pipi machen und gewaschen werden. Ob die Puppe Carlotta lieber im Wagen oder auf dem Arm einschlafen will?

„Auf dem Arm", entscheidet Aylin und wiegt Carlotta hin und her.

Oma singt dazu: „Schlaf, Carlotta, schlaf, der Vater ist ein Schaf."

Halt, das war falsch. Aylin kichert, und Oma probiert es

noch einmal: „Schlaf, Carlotta, schlaf, der Vater hat ein Schaf."

„Schon wieder falsch", lacht Aylin, und Oma probiert es noch einmal: „Schlaf, Carlotta, schlaf, der Vater hüt' die Schaf."

Diesmal ist es richtig, und die Puppe Carlotta ist auf Aylins Arm eingeschlafen.

Aylin legt sie vorsichtig in den Puppenwagen.

Auch Ihr Kind hat bestimmt ein oder mehrere Lieblings-Schlaflieder. Wie wäre es denn, wenn Sie im Spiel einfach ein paar Worte auswechseln und dem Lied neue, und zwar lustige oder gar freche Bedeutungen geben.
Für das tatsächliche Einschlafritual vielleicht weniger geeignet, weil zu spannend und animierend, wird Ihr Kind in der Spielsituation sehr schnell mitspielen und mit Ihnen um die Wette ulken.
Wieder fördern Sie ohne jede bewußte Anstrengung das Sprachvermögen Ihres Kindes.

Das Bibi-Lied

Aylin liegt in Omas Bett.

Oma will ihr ein Schlaflied singen. Aber welches?

„Das Bibi-Lied", sagt Aylin und grinst.

Oma kennt kein Bibi-Lied.

„Na, einfach alles auf Bibi singen", sagt Aylin und steckt ihren Daumen in den Mund.

Oma singt „Schlaf Kindchen, schlaf" auf „Bibibi".

Bi, bibi, bi, bi Bibi, bi bi bi,
bi Bibi bibi bibibi, bi bibi bi Bibibi,
bi, bibi, bi.

Aylin hat die Augen zu.

Oma gibt ihr noch ein Küßchen und geht leise aus dem Zimmer.

Es macht einfach Spaß, Lieder zu summen oder, wie hier, in immergleichen Silben zu trällern. Statt „Bibi" hätten Sie auch „Baba", „Bebe", „Bobo" oder „Bubu" singen können.
Spielerisch und ohne großen Aufwand üben Sie mit Ihrem Kind die Selbstlaute ein und trainieren jeweils die entsprechende Mund- und Zungenstellung.

Tips zum Weiterspielen

Quatsch-Spiel: Auf alle Fragen muß immer mit „Gummibärchen" geantwortet werden. Beispiele: Was ißt du am liebsten zum Mittagessen? – Was nimmst du abends mit ins Bett? – Was pflanzt du im Garten? – Was wächst an Bäumen? – Was stellst du in die Vase? – Wen küßt du am liebsten? – Was holst du aus der Nase?

Statt „Gummibärchen" können natürlich auch andere Begriffe gewählt werden (Grießbrei / Krokodil / Popel, usw.)

Weil-Spiel: „Warum"-Fragen stellen. Alle Antworten müssen mit „Weil" beginnen. Beispiele: Warum fährt das Auto zur Tankstelle? – Warum bauen die Vögel Nester? – Warum willst du jeden Tag etwas essen? – Warum ziehst du dich im Winter warm an? – Warum müssen die Zähne geputzt werden?

Puste-Spiele: Styroporkügelchen, Erbsen oder Linsen mit dem Strohhalm ansaugen und von einem Gefäß ins andere transportieren. – Wattebausch, Feder oder Herbstblatt über eine Linie pusten.

2

In die Rolle von anderen schlüpfen

Kinder schlüpfen gern in andere Rollen und erleben dabei Situationen ihres täglichen Lebens aus einer anderen Sicht. Sie haben z. B. plötzlich Macht, sind wieder Baby oder verwandeln sich vom Jungen zum Mädchen und umgekehrt. Sie können ihre Ängste, Wünsche oder Phantasien ausspielen, können kreativ zum Ausdruck bringen, was sie bewegt, lernen gute oder weniger gute Seiten ihrer eigenen Person kennen und lernen sich und andere besser zu verstehen.

Rollenspiele fördern die Vorstellungskraft des Kindes, gleichzeitig lernt es Spielregeln einzuhalten, sich sozial zu verhalten, und nicht zuletzt wird das Sprach- und Bewegungspotential stimuliert.

Für die Entfaltung der Persönlichkeit ist das Rollenspiel also sehr wichtig.

Lassen Sie Ihrem Kind Zeit für Rollenspiele oder geben Sie Ihrem Kind Gelegenheiten zum Rollen spielen. Laden Sie seine Freunde ein. Stellen Sie eine Verkleidungskiste (alte Hüte, Täschchen, Tücher, Bänder, Klamotten, Schuhe) sowie einfaches Dekomaterial (Decken, Kissen, Ketten, Polster) zur Verfügung.

Übernehmen Sie selbst einmal eine Rolle und erleben Sie sich und Ihr Kind in dieser neuen Rollenverteilung.

Wie man eine Gans hören kann

Aylin spielt bei Oma im Wohnzimmer und singt: „Gagagagagack".

„Nanu, in meinem Wohnzimmer ist eine Gans!" ruft Oma und kommt herbei.

Aylin sitzt auf dem Boden und sieht zu, wie Oma die Gans sucht.

Oma guckt unter das Sofa und unter den Tisch, sie schaut in alle Ecken und sogar in den Schrank.

„Keine Gans da, ich habe mich getäuscht", sagt Oma und geht wieder hinaus.

Da hört sie es schon wieder: „Gagagagagack".

Oma schleicht zum Wohnzimmer und spitzt um die Ecke.

Sie sieht und hört, wie Aylin „Gagagagagack" singt.

„Aha, du bist die Gans", lacht Oma, und Aylin lacht auch.

Vielleicht verwandelt sich auch Ihr Kind gerne in ein Tier und ahmt dessen Laute oder dessen Gangart nach. Wenn Ihr Kind dieses Verwandlungsspiel noch nicht kennt, schlagen Sie es ihm doch vor oder spielen Sie gleich mit ihm gemeinsam. Es handelt sich um ein vorzügliches Rollenspiel, in dem Vorstellungskraft und soziales Mitgefühl gleichermaßen gefördert werden. Außerdem wird Ihr Kind die Erfahrung neuer Bewegungsabläufe spannend und reizvoll finden und indirekt an Bewegungssicherheit gewinnen.

Die Aufzieh-Mickeymaus

Aylin schaut mit Oma ein Bilderbuch an.

„Schau", sagt Oma, „da ist eine Aufzieh-Mickeymaus. Wenn man sie aufzieht, dann läuft sie ein Stück. Willst du mal meine Aufzieh-Mickeymaus sein?"

Willst du mal meine Aufzieh-Mickeymaus sein?"

Aylin will.

Sie stellt sich hin, und Oma steckt ihren Zeigefinger-Schlüssel an Aylins Rücken.

„Jetzt ziehe ich dich auf", sagt sie und dreht und dreht und dreht.

Dann läuft die Mickeymaus los.

„Die Mickeymaus läuft", ruft Oma begeistert und klatscht in die Hände, „wenn sie stehen bleibt, werde ich sie gleich nochmal aufziehen."

Und schon steht die Mickeymaus.

Oma eilt mit ihrem Zeigefinger-Schlüssel herbei und dreht und dreht und dreht.

Ganz oft zieht sie die Mickeymaus noch auf.

Bis die Mickeymaus müde ist und schlafen will.

Wahrscheinlich steht auch bei Ihnen im Kinderzimmer auf dem Fensterbrett oder der Wickelkommode eine Aufziehfigur. Richtig betrachtet sind uns – nicht nur den Kindern – die automatischen Bewegungsabläufe und das unvermittelte Stoppen nach Ablaufen des Aufziehwerks fremd. Wie wäre es mit Nachahmen? Eine komische und lustige Angelegenheit, bei der die Beobachtungsgabe sowie Vorstellungskraft und Beweglichkeit Ihres Kindes gefördert werden.

Der Springfrosch

Oma und Aylin besuchen Heinz.

Heinz hat einen Springfrosch, der eine Feder im Bauch hat.

Heinz grinst, drückt die Feder zusammen und setzt den Frosch auf den Boden.

Aylin gefällt der Frosch. Sie geht näher hin.

Ganz nah ist sie jetzt beim Frosch.

Der Frosch sitzt still und brav am Boden.

„Vorsicht!" ruft Oma.

Sie weiß, daß der Frosch gleich einen Satz macht.

Heinz grinst immer noch.

Da!!!

Der Frosch springt in die Luft.

Auch Oma macht einen Satz und schreit. „Huh!" Sie fällt vor Schreck fast vom Stuhl.

Aylin lacht. Sie nimmt den Frosch und bringt ihn zu Heinz.

Bis Aylin fort geht, darf der Frosch noch viele Sprünge machen, und Oma darf sich noch ganz oft erschrecken.

Dann sind Aylin und Oma wieder zu Hause. Oma ist froh, daß kein Frosch da ist, der sie erschreckt.

Doch was hat Aylin vor? Sie geht in die Hocke und stützt ihre Hände zwischen den Beinen auf den Boden.

„Ich bin jetzt mal der Springfrosch", sagt sie.

Oma läuft schnell aus dem Zimmer. Gerade als sie vorsichtig um die Ecke schaut, macht der Springfrosch einen Satz.

„Huh!" schreit Oma und Aylin lacht.

Die Springfrosch-Geschichte ist eine Variante des Spiels „Wie man eine Gans hören kann", nur daß die Kinder hier beobachten und erst dann selbt aktiv werden und das Tier imitieren.

Gummibären schmecken gut

Aylin schaut ihr Gummibären-Bilderbuch an, in dem auf jeder Seite viele Gummibären zu sehen sind.

„Gummibären schmecken gut", seufzt Aylin und schaut lange auf das Bild, auf dem alle Gummibären der Reihe nach aus einer Tüte springen und davonlaufen.

Dann klettert Aylin auf einen Hocker und springt herunter.

„So springen die Gummibären von der Tüte", sagt Aylin zu Oma und macht es immer wieder vor.

„Schaust Du das Bilderbuch nochmal mit mir zusammen an?" fragt Oma, und Aylin läuft, es zu holen.

Und was sieht sie da?

Zwei Gummibären sind aus dem Bilderbuch herausgesprungen und liegen daneben auf der Truhe.

Unglaublich!

Aylin ist begeistert: „Zwei Gummibären! Einer für die Aylin und einer für die Oma!"

Zusammen schauen sie sich nun das Bilderbuch an, und was haben sie im Mund? – Richtig, Gummibärchen.

Wenn Sie mit Ihrem Kind ein Bilderbuch anschauen und dabei ein Tierheld auftaucht, der Ihrem Kind besonders gefällt, was liegt da näher, als auch diesen wieder nachzuahmen und ihn somit im Kinderzimmer lebendig werden zu lassen.
Wie in den vorangegangenen Spielvorschlägen geht es darum, Beobachtungsgabe und körperliche Geschicklichkeit zu unterstützen.

Eisdiele spielen

Eine große Dose ist die Eisdiele.

Aylin und Oma haben viele Eistüten mit Eis gemalt und ausgeschnitten, und die liegen nun in der Dose.

Es gibt gelbes Vanilleeis, braunes Schokoladeneis, rosa Erdbeereis und grünes Pistazieneis. Außerdem gibt es in der Eisdielen-Dose noch Eislöffel, weil manche Leute ihr Eis mit dem Löffel essen wollen.

Aylin ist die Eisverkäuferin, und Oma kommt mit der Puppe Carlotta zum Eisessen.

Oma bestellt ein Schokoladeneis für Carlotta und ein Pistazieneis für sich.

Aylin holt das richtige Eis aus der Eisdielen-Dose.

„Mit Löffel?" fragt sie.

Oma und die Puppe Carlotta wollen keinen Löffel. Sie wollen das Eis schlecken.

Aber zuerst müssen sie noch bezahlen. „Zehn Mark", sagt Aylin, und Oma erschrickt. Ist das aber teuer!

Aylin will auch gerne ein Eis schlecken und holt sich ein Vanilleeis aus der Eisdielen-Dose.

Als die Puppe Carlotta ihr Eis aufgeschleckt hat, ruft sie: „Mehr, mehr!"

Aylin, die Eisverkäuferin, schaut die Puppe Carlotta streng an. „Jetzt ist Schluß, sonst kriegst Du Bauchweh."

Das glaubt die Puppe Carlotta nicht. „Mehr, mehr", bettelt sie.

„Also gut, noch eins, aber dann ist Schluß", sagt Aylin streng und hält einen Daumen in die Luft.

Carlotta schleckt noch ein Schokoladeneis, und als es aufgeschleckt ist, ruft sie wieder: „Mehr, mehr".

Aber nun gibt es nichts mehr. Die Eisverkäuferin klappt den Deckel auf die Dose. Die Eisdiele hat geschlossen. Carlotta weint.

Aylin nimmt Carlotta in den Arm und tröstet sie.

„Krieg ich morgen wieder Eis?" piepst die Puppe Carlotta.

„Jaaa", sagt Aylin und gibt ihr einen Kuß.

Kinder schlüpfen also gerne in andere Rollen. Wahrscheinlich spielt auch Ihr Kind ganz besonders gerne den Erwachsenen: Mama, Papa, Erzieherin, Polizist, Verkäuferin, usw. Die Größeren wollen sogar manchmal irgendwelche Fernsehhelden imitieren. Nur zu, das ist viel produktiver und sinnvoller als das Fernsehen selbst.
Über das Nachahmen lernen Kinder, sich und andere besser zu verstehen und setzen sich mehr oder minder unbewußt mit eigenen Erfahrungen auseinander.

Der kleine Tiger wird krank

Oma liest Aylin ein Bilderbuch vor.

„Ich mach dich gesund, sagte der Bär." So heißt das Buch.

Aylin gefällt die Geschichte.

Kaum ist Oma fertig, schaut Aylin sie besorgt an und fragt:

„Bist du krank, kleiner Tiger?"

Oma weiß, daß sie jetzt der kleine Tiger ist und jammert:

„Oh ja, ich bin sooo krank. Mir tut alles weh. Machst du mich gesund, kleiner Bär?"

„Ja", sagt der kleine Aylin-Bär und führt den kranken Oma-Tiger vorsichtig zum Sofa.

Der kleine Oma-Tiger jammert. „Da tut's weh und da, und vorne und hinten und oben und unten."

„Ich muß dich verbinden", sagt der kleine Aylin-Bär, und der kleine Tiger streckt die Pfoten aus. Der kleine Bär wickelt und wickelt und wickelt.

Dann ist er fertig. „Ich koch dir was Tolles, kleiner Tiger", sagt der kleine Aylin-Bär.

Der kleine Oma-Tiger ist begeistert und wünscht sich Springforelle mit Mandelkernsoße. Aber die gibt es nicht.

Der kleine Bär verschwindet in der Küche und kommt mit Bouillon zurück.

Die mag der kleine Tiger. Er schmatzt und schlürft und sagt mit vollem Mund: „Snöckt oin!"

Der kleine Aylin-Bär schaut den kleinen Oma-Tiger streng an: „Ich versteh' dich nicht, wenn du mit vollem Mund sprichst, kleiner Tiger, leer mal deinen Mund aus."

Der kleine Oma-Tiger hat inzwischen alles runtergeschluckt und sagt deutlich: „Schmeckt fein."

Der kleine Aylin-Bär freut sich.

Dann wird es Nacht, und der kleine Oma-Tiger muß schlafen.

Er wird mit der Leopardendecke zugedeckt, und der kleine Aylin-Bär klettert auf das Sofa.

Was hat er vor?

Er legt sich oben auf den kleinen Oma-Tiger drauf, denn das macht gesund, sagt der Bär.

Dem kleinen Oma-Tiger geht es auch gleich ein bißchen besser, als der kleine Aylin-Bär so lieb mit ihm schmust.

Aber Oma weiß, daß der kleine Tiger morgen ins Krankenhaus für Tiere muß, daß er operiert werden muß und vorher eine Spritze bekommt.

Und vor Spritzen hat Oma große Angst.

Wenn Sie mit Ihrem Kind und dessen Freunden die Tiger-Geschichte in Szene setzen, achten Sie einfach nur darauf, daß die Kinder abwechselnd eine „starke" und eine „schwache" Rolle übernehmen.
Die Kinder werden sich gerne in der hilfsbedürftigen Rolle beschützen und verwöhnen lassen, sie werden aber auch stark sein und liebevollen Schutz bieten wollen.
Soziales Verhalten kann wirklich auf einfache, spielerische und lustvolle Weise erlernt werden.

Das Wohnzimmer sauber zaubern

Aylin ist eine Fee. Sie zaubert nur Gutes.

Aylin hat sich ein Seidentuch von Oma umgebunden.

In der Hand hat sie ihren Zauberstab – ein kleines Stöckchen, das am oberen Ende viele Glitzerbänder hat.

Das Stöckchen steckte einmal auf einem Eisbecher. Aber nun ist es ein Zauberstab.

Die Aylin-Fee sieht sehr schön aus.

„Schau mal, Fee", sagt Oma, „in meinem Wohnzimmer ist ein großes Durcheinander. Überall liegen Aylins Spielsachen herum."

Die Fee schaut ins Wohnzimmer.

„Kannst du mein Wohnzimmer vielleicht in ein ordentliches, schön aufgeräumtes Zimmer verwandeln?" fragt Oma.

Die Fee nickt.

„Du mußt aber in die Küche gehen und darfst nicht spitzen", sagt sie zu Oma.

Oma geht in die Küche. Schade, daß sie nicht spitzen darf.

Aber vielleicht kann sie etwas hören?

Oma horcht.

Sie hört, wie die Fee einen Zauberspruch murmelt: „Hokus pokus, Warzenschwein, das Wohnzimmer soll sauber sein."

Dann hört sie eiliges Fußgetrappel, Bausteingeklapper und andere Geräusche.

Ist das aufregend!

Plötzlich ist es ganz still.

„Kannst kommen!" ruft die Fee, und Oma kommt.

Die Fee zeigt mit ihrem Zauberstöckchen ins Wohnzimmer.

Alles ist aufgeräumt. Wie hat die Fee das nur so schnell gemacht?

„Ich hab alles weggezaubert", lacht die Fee.
Oma freut sich:
„Danke, liebe Fee!"

Kinder lieben magische Märchen- und Phantasiewelten. Es ist einfach wunderbar für sie, wenn sie als Fee oder Zauberer plötzlich Sachen tun können, die ihnen sonst nicht möglich oder die gar verboten sind.
Lassen auch Sie Ihr Kind im Spiel in diese hermetische und wundersame Welt einsteigen und dort seine Wünsche und Träume ausleben. Ihr Kind wird die Freiheit von den täglichen Zwängen genießen. Und wenn Sie Ihre vier Wände gerade als besonders beengend empfinden, lassen Sie am besten alles liegen und spielen mit.

Tips zum Weiterspielen

Beruferaten: Abwechselnd pantomimisch einen bekannten Beruf darstellen und erraten lassen.

Beispiele: Polizist – Bäcker – Verkäuferin – Ärztin – Briefträger – Omnibusfahrer – Gärtnerin – Clown – Musiker.

Verkleidungskiste: Inhalt: Kleider, Röcke, Unterröcke, Hosen, Gardinen, Schleier, Tücher, Hüte, Gürtel, Bänder, Schuhe, Kunstblumenstrauß, Schirm, usw. Dazu einen großen Spiegel.

Viel Spaß macht es Kindern, wenn sich ab und zu die Großen mitverkleiden.

Artistenspiel: Die Wohnung ist eine Artistenschule, Polster und Kisten werden überall auf dem Boden verteilt. Die Artisten bewegen sich so vorwärts, daß sie mit ihren Füßen nicht den Boden berühren (über Stühle, Sessel, Polster und Kissen balancieren). Sie denken sich immer neue Fortbewegungsarten und Kunststücke aus.

3

Sehen – Farben und Formen der Welt entdecken

Wirklich sehen kann nur, wer gelernt hat, seine Umgebung aufmerksam zu beobachten, wer ihre Besonderheiten erfaßt und Veränderungen wahrnimmt.

Wirklich sehen kann nur, wer sich längere Zeit auf eine Sache einlassen kann.

Geben Sie Ihrem Kind Gelegenheit, Dinge zu beobachten, damit es diese Fähigkeiten entwickeln kann.

Entdecken Sie gemeinsam mit Ihrem Kind die Schönheiten dieser Welt. Beobachten Sie das Dahinziehen der Wolken am Himmel, spiegeln Sie sich im Wasser oder betrachten Sie sich durch die Lupe, entdecken Sie Spuren im Sand oder im Schnee, bewundern Sie die Farben eines bunten Straußes, staunen Sie über die Schönheit einer Pusteblume oder die besondere Form eines Steines.

Lassen Sie sich und Ihrem Kind Zeit für diese Spiele – sie sind sinnliche Streicheleinheiten – auch für die Seele.

Oma hat schöne Steine

Oma hat Schälchen mit wunderschönen Steinen.

Ob Aylin damit spielen darf?

„Ja", sagt Oma und stellt die Schälchen auf den Boden.

Aylin nimmt jeden Stein in ihre Hand.

„Die Steine sind kalt", sagt sie.

Das findet Oma auch.

„Die Steine sind schwer", sagt Aylin.

Das findet Oma auch.

„Was sind die Steine noch?" fragt sie.
Aylin denkt nach und befühlt die Steine.
„Die Steine sind glatt", sagt sie.
Das findet Oma auch.
„Die Steine sind schön", lacht Aylin.
Das findet Oma auch.
Sie erzählt Aylin, daß jeder Stein einen Namen hat. Ob Aylin die Namen wissen will?
Aylin will.
Oma zeigt ihr den durchsichtigen Bergkristall
und den honiggelben Bernstein
und das goldgelbe Tigerauge
und den lilafarbenen Amethyst
und den schwarzen, kaltglänzenden Hämatit
und noch viele andere.
„Der Amethyst ist am schönsten", sagt Aylin.

Sie steht auf und legt den Amethyst auf ihren nackten Fuß.

Vorsichtig geht sie vorwärts.

Es gefällt Oma, daß Aylin den Amethyst auf ihrem Fuß balanciert.

„Dem Amethyst gefällt es bei dir", sagt Oma, „er fällt gar nicht runter."

„Ja, weil ich so vorsichtig bin", lacht Aylin.

Oma und Aylin spielen noch lange mit den Steinen.

Laden Sie Ihr Kind dazu ein, sich mit schönen Dingen zu beschäftigen und deren Besonderheiten zu beobachten. Es wird bei Ihrem Kind und Ihnen einfach Wohlbefinden auslösen und ganz nebenbei Konzentrationsvermögen sowie die Sensibilität und das ästhetische Empfinden Ihres Kindes fördern.

Die Pusteblume

Oma und Aylin gehen spazieren. Sie kommen an eine Löwenzahnwiese.

Viele hundert Löwenzahnblüten leuchten gelb. Sie sehen aus wie lauter kleine Sonnen.

„Aylin, ist das nicht zauberhaft?" flüstert Oma und schaut.

Auch Aylin steht ganz still und schaut.

Plötzlich streckt sie den Arm aus und zeigt mit ihrem Zeigefinger auf die Wiese.

Oma schaut genau hin.

Aylin hat eine Pusteblume entdeckt – eine zarte, helle fast durchsichtige Kugel.

„Eine Pusteblume!" ruft Aylin und läuft hin.

Vorsichtig pflückt sie den Stengel ab.

Viele kleine, zarte Fallschirmchen fliegen davon.
Dann hält sie die Pusteblume vor ihren Mund und pustet.
Fffffff!
Aylin hat nur noch den Stengel in der Hand.
Die Pusteblume ist weg!
„Bist du eine Zauberin?" fragt Oma.
„Ja", lacht Aylin, „zaubern macht Spaß!"

Wenn sich die Gelegenheit bietet, machen Sie doch beim nächsten gemeinsamen Spaziergang mit Ihrem Kind einen Halt auf einer schönen Blumenwiese. Nehmen Sie sich beide Zeit, die Wiese als Ganzes und auch die einzelnen Blumen zu betrachten.
So schärfen Sie ganz unvermittelt die Beobachtungsgabe Ihres Kindes, und gleichzeitig wird es einen sensiblen Umgang mit den Pflanzen wie auch Achtung vor der Schöpfung gewinnen.

Im Urwald

Die beiden Feen machen sich wieder einmal auf den Weg in den Botanischen Garten.

Heute wollen sie den Urwald sehen.

Sie kommen in ein großes, hohes Gewächshaus. Riesige Bäume und seltsame Pflanzen wachsen dort. Sie sehen herrliche Blüten. Die Luft ist warm und feucht. Überall tropft und plätschert es.

Die beiden Feen staunen.

„Dies hier ist nur ein winziges Stückchen Urwald", flüstert die Oma-Fee, „aber dort, wo der große Amazonasfluß fließt, gibt es diesen Urwald wirklich. Er ist unendlich groß und schön."

„Zauberhaft", flüstert die Aylin-Fee.

Die Oma-Fee erzählt von den Botanikern, die es geschafft haben, ein winziges Stück Urwald hier im Gewächshaus zu pflanzen.

Die beiden Feen bleiben lange im Urwald. Sie schauen sich die Pflanzen genau an.

Die Aylin-Fee findet ein riesiges Blatt am Boden. Sie nimmt es mit.

Auf dem Heimweg hat die kleine Fee einen großen Blätterhut auf dem Kopf.

Wenn Sie Gelegenheit haben, mit Ihrem Kind einen Botanischen Garten zu besuchen, so ist dies ein toller Ausflug. Jedoch sollten Sie von vornherein eine Auswahl an Gewächshäusern und Pflanzen treffen, um Ihr Kind nicht (visuell) zu überfordern.
Die fremde und üppige Vegetation wird Ihr Kind sicher beeindrucken, und es wird die Pflanzen genau anschauen und sich einprägen.
Wieder wird die Beobachtungsgabe gefördert und Achtung vor der Schöpfung entwickelt.

Tips zum Weiterspielen

Ich sehe was, das du nicht siehst: Ich sehe was, das du nicht siehst, und die Farbe, die ist rot (gelb, blau, usw.). Nun wird geraten, welcher sichtbare Gegenstand in der Umgebung gemeint ist.

Was fehlt? Am Boden liegen bis zu fünf Gegenstände nebeneinander (Puppe, Bär, Bilderbuch, Ball, Auto oder Apfel, Birne, Zitrone, Banane, Kiwi oder Kamm, Bürste, Seife, Zahnbürste, Waschlappen usw.). Während das Kind wegschaut, wird ein Gegenstand entfernt, den es anschließend erraten darf. Bei größeren Kindern können auch schon zwei Gegenstände entfernt werden.

Farbenlupe basteln: Aus festem Karton eine Lupenform ausschneiden und zum Durchschauen durchsichtiges, farbiges Folienpapier in der Mitte befestigen. Wer Lupen in allen Farben hat, kann die Welt mal durch die rosa – und mal durch eine andersfarbige Lupe betrachten.

4
Hören und lauschen

Hören ist mehr als die Wahrnehmung und Unterscheidung von Klängen und Geräuschen.

Hinhören z. B. ist immer auch Zuhören, d. h. die Fähigkeit, auf eine Person zuzugehen und einer Sache über einen längeren Zeitraum Aufmerksamkeit zu schenken.

Es ist ein beglückendes Erlebnis, einem Vogel zuzuhören, wenn er eine Melodie anstimmt, dem Plätschern des Baches oder dem prasselnden Regen zu lauschen, das Raunen des Windes in den Bäumen oder das Rascheln des Laubes zu hören.

Machen Sie mit Ihrem Kind einen „Horchspaziergang“ durch den Wald, probieren Sie gemeinsam mit Ihrem Kind, dem Mund die tollsten Geräusche zu entlocken (Schmatzen, Räuspern, Prusten, Pfeifen usw.) oder entdecken sie den Klang verschiedener Musikinstrumente.

Lassen Sie sich und Ihrem Kind Zeit für solche Erlebnisse, damit sein Hörsinn sich frei entfalten kann.

Erzählen Sie Ihrem Kind Geschichten. Sprechen Sie überhaupt viel mit Ihrem Kind, denn Hören und Sprechenlernen hängen eng zusammen.

Ein Bild durchs Telefon zeigen

Bei Oma klingelt das Telefon, und sie nimmt den Hörer ans Ohr.

„Hallo, Oma, ich hab' ein Bild für dich gemalt", ruft Aylin und in Omas Ohr raschelt und knistert es.

„Hallo, Aylin", sagt Oma in den Hörer, „da freue ich mich aber. Was hast du denn Schönes gemalt?"

„Ich zeig's dir doch", meint Aylin und in Omas Ohr raschelt und knistert es schon wieder.

Da hört Oma die Stimme von Aylins Mama, und die Stimme sagt zu Aylin: „Die Oma kann dich nicht sehen, sondern nur hören. Du kannst die Oma ja auch nicht sehen. Durch das Telefon kann man nur hören."

„Hallo, Aylin", ruft Oma in den Hörer, „was raschelt und knistert denn so bei dir?"

„Mein Bild", erklärt Aylin, „kannst du das gar nicht sehen?"

„Nein, sagt Oma, „ich kann es nicht sehen, aber sicher ist es sehr schön."

„Ich hab den Grünschenkel für dich gemalt – den Grünschenkel aus dem Vogelmuseum", sagt Aylin, und in Omas Ohr raschelt und knistert es schon wieder.

Oma freut sich und lacht:

„Ich kann den Grünschenkel nicht sehen, aber ich kann ihn hören.

Er raschelt und knistert!"

Oma und Aylin verabschieden sich und auch der Grünschenkel raschelt und knistert noch einmal.

Telefoniert Ihr Kind auch so gerne? Lassen Sie es ruhig gelegentlich an den Apparat, denn Telefonieren erfordert konzentriertes Hören und deutliches Sprechen, und das üben die Kinder beim „Spiel" mit dem Telefon. Außerdem erlernen sie den richtigen Umgang mit dem technischen Gerät und hängen vielleicht auch nicht mehr gar so oft den Hörer ab ...

Mit Musikinstrumenten telefonieren

Bei Oma klingelt das Telefon, und sie nimmt den Hörer ans Ohr.

„Hallo Oma, geht's dir gut?" fragt Aylin.

Oma erzählt Aylin, daß sie gerade Flöte gespielt hat, und daß es ihr gut geht.

„Soll die Flöte auch mal ‚Guten Tag, Aylin' sagen", fragt Oma.

„Ja", flüstert Aylin und ist ganz gespannt.

Oma läuft mit dem Telefon zur Flöte und zieht die lange Telefonschnur hinter sich her.

Oma klemmt sich den Hörer zwischen den Kopf und die Schulter, damit sie die Hände für die Flöte frei hat.

„Düdü-dü-dü", flötet die Flöte in Aylins Ohr. Das heißt: „Hallo, Aylin."

„Noch die Trommel", bittet Aylin, und Oma legt die Flöte weg. Sie läuft mit dem Telefon zur Trommel und zieht die lange Telefonschnur hinter sich her.

„Bumbum-bum-bum", trommelt die Trommel in Aylins Ohr. Das heißt: „Hallo, Aylin".

„Noch die Munhaka", bittet Aylin, und Oma weiß, daß Aylin die Mundharmonika hören will. Oma zieht die lange Telefonschnur hinter sich her zur Mundharmonika.

„Sumse-rum-sum", singt sie in Aylins Ohr. Das heißt: „Hallo, Aylin".

Nun ist Aylin zufrieden.

„Tschüß Oma", sagt sie, und Oma legt den Telefonhörer wieder auf das Telefon.

Wenn Sie eine Cassette oder CD mit Klangaufnahmen von unterschiedlichen Musikinstrumenten besitzen oder selbst Musik machen, versuchen Sie doch einmal, Ihr Kind die Musik „nur" hören zu lassen. Es wird ihm Spaß machen die Instrumente zu unterscheiden und eventuell sogar zuzuordnen.
So einfach schenken Sie Ihrem Kind einen sinnlichen Genuß und fördern gleichzeitig sein Konzentrationsvermögen.

Den Hustenbonbon hören

Oma telefoniert mit Aylin.

Aylin hustet in Omas Ohr.

„Bist du erkältet?" fragt Oma.

Aylin erzählt Oma, daß sie Husten hat.

„Ich hab schon einen Hustenbonbon im Mund", sagt sie, „aber du kannst ihn gar nicht sehen."

„Durch das Telefon kann man nur hören", sagt Oma. „Wenn du mit dem Hustenbonbon schmatzt, kann ich ihn hören."

Aylin schmatzt ins Telefon.

„Schmeckt er süß?" fragt Oma.

„Ja, ganz süß", sagt Aylin und schmatzt wieder.

Oma will wissen, ob er rund oder eckig ist.

„Ganz rund", sagt Aylin.

Oma will wissen, ob er noch groß, oder schon ganz klein gelutscht ist.

Er ist schon ganz klein gelutscht.

Oma möchte auch einen Hustenbonbon.

Aylin kann Oma keinen Bonbon durchs Telefon geben.

„Du mußt dir welche kaufen", sagt Aylin, „und dann ... und dann ..."

Aylin lacht.

„Was dann?" fragt Oma.

„Dann schmatzt du mir was vor", lacht Aylin.

Das gefällt Oma.

Wenn Ihr Kind wieder einmal telefonieren möchte, schlagen Sie ihm doch vor, seinem Gesprächspartner all das zu erzählen, was es sieht, riecht, fühlt oder schmeckt. Das ist gar nicht so einfach und wird Ihr Kind wahrscheinlich um so mehr anspornen.
Auch bei diesem Telefonier-Spiel gewinnt Ihr Kind an Beobachtungsgabe und sprachlichem Ausdruck.

Ein Küßchen durchs Telefon

Aylin und Oma telefonieren.

Zum Abschied sagt Oma: „Ich schicke dir ein Küßchen durchs Telefon."

Oma gibt ein Schmatzküßchen in die Luft. So: „Mmmpf".

Aylin hört das Küßchen.

„Jetzt puste ich das Küßchen ins Telefon", sagt Oma.

Aylin horcht.

„Fffffff" macht es in ihr Ohr.

„Ist das Küßchen angekommen?" fragt Oma.

„Ja", lacht Aylin, „jetzt schicke ich dir ein Küßchen!"

Oma spitzt ihr Telefonohr.

„Prrrrr", macht es laut.

Nanu, was war denn das?

„War das etwa ein Pups?" fragt Oma.

Aylin lacht und lacht.

Dann macht es wieder „Prrrr" an Omas Ohr.

„Hältst du den Hörer vielleicht an deinen Popo?" fragt Oma.

Aylin kann vor Lachen fast nicht sprechen.

„Das war mein Küßchen", sagt sie.

„Das Küßchen hat sich aber komisch angehört", lacht Oma.

Aylin und Oma freuen sich schon auf das nächste Telefongespräch.

Was kann man nicht alles für Geräusche durch das Telefon vermitteln, die nicht direkt mit Sprache zu tun haben und trotzdem auf spielerische Weise die kindlichen Sprechwerkzeuge trainieren: Schmatzen, schnurren, husten, niesen, pusten, prusten usw.

Tips zum Weiterspielen

Spieluhrsuchen: Die Spieluhr wird versteckt und angeschaltet. Das Kind geht horchend der Musik nach und versucht, die Spieluhr zu entdecken.

Geräuscheraten: Während das Kind die Augen geschlossen hat, werden verschiedene Geräusche verursacht, die das Kind hinterher benennen darf. Beispiele: Papier zerreißen, Wasser ausgießen, Weckerrasseln, Fenster öffnen und schließen, Husten, im Besteckkasten wühlen.

Zuletzt darf das Kind dem Ablauf nochmals zuhören und -sehen!

Geräusche-Memory: Leere Filmrollenröhrchen oder Streichholzschachteln sammeln. Immer zwei Behältnisse mit der völlig gleichen Anzahl von Materialien füllen (Knöpfe, Kugeln, Perlen, Nägel usw.). Gespielt wird wie beim Memory: die zwei zusammengehörigen Behälter werden jedoch am Geräusch erkannt. Es kommt nicht darauf an, wer gewinnt, sondern wichtig ist das *gemeinsame* Horchen und Finden.

5

Riechen – Gerüche der Welt entdecken

Wir sind immer von Gerüchen umgeben. Doch wir nehmen sie meistens erst wahr, wenn sie besonders intensiv werden. Gerade Gerüche sind eng mit unseren Empfindungen verbunden.

Gerüche können uns begeistern oder uns so stören, daß wir uns die Nase zuhalten. Wie eng der Geruchssinn mit Sympathie und Antipathie verbunden ist, zeigt sich an der Redensart, daß man einen Menschen „riechen" oder eben „nicht riechen" kann.

Gerüche können uns in Vorfreude versetzen (aromatische Essensgerüche, Weihnachtsbäckerei) oder auch Erinnerungen wach rufen (spezielle Urlaubsdüfte wie Meer, Bauernhof usw.)

Die Räume unserer Wohnung riechen sehr unterschiedlich (Küche, Bad, Schlaf- oder Wohnzimmer), auf der Straße riecht es anders als im Wald, beim Bäcker riecht es anders als im Kräuterladen, ja selbst die Jahreszeiten halten sehr verschiedene Gerüche für uns bereit.

Gehen sie mit Ihrem Kind auf einen „Schnupperausflug". Entdecken Sie gemeinsam Gerüche, die Ihnen entgegenkommen (fliegen). Lassen Sie Ihr Kind das Mittagessen am Geruch erkennen, im Badezimmer die Lieblingsseife bestimmen, oder identifizieren Sie auch weniger angenehme Gerüche in ihrer Umgebung.

Erschnuppern Sie Frühlings-, Sommer-, Herbst- oder Winterdüfte, und freuen Sie sich gemeinsam mit Ihrem Kind an diesem Fest der Sinne.

Gut riechen können

Oma hat Riech-Fläschchen mit den verschiedensten Düften.

Oma macht ein Fläschchen auf und gibt es Aylin zum Riechen.

Aylin hält es unter ihre Nase und schnuppert.

„Riecht wie Mandaline", sagt Aylin.

Oma riecht auch daran: „Stimmt, es riecht wie Mandarine."

Oma macht noch ein Fläschchen auf, und Aylin riecht daran.

„Zitlone", sagt Aylin und gibt Oma das Fläschchen.

Oma riecht auch daran. „Stimmt, es riecht nach Zitrone."

Aylin muß mal Pipi und geht mit Oma aufs Klo.

Als Aylin das Pipi wegspült, sagt sie: „Oma, das Pipi riecht wie Apfelsaft."

„Klar, weil du so viel Apfelsaft getrunken hast", lacht Oma.

Verwandeln Sie sich im Spiel mit Ihrem Kind zu Nasen-Detektiven und „erschnuppern" Sie verschiedene Gerüche. Anfangs können Sie sich vielleicht auf wenige und bereits vertraute Gerüche beschränken, um Ihrem Kind Erfolgserlebnisse zu garantieren. Bald aber können Sie die Wahl der Duftquellen vergrößern.
So schärfen Sie den Geruchssinn Ihres Kindes und unterstützen gleichzeitig sein Konzentrationsvermögen.

Der Lieblingsduft

Oma und Aylin sind im Botanischen Garten.

Überall duftet es nach Kräutern.

„Hm", ruft Aylin, „hier riecht es gut!"

„Hier wächst der Thymian", sagt Oma.

Sie zupft zwei kleine Zweiglein vom Thymian ab.

Eines gibt sie Aylin.

„Wenn wir sie zwischen den Fingerspitzen zerreiben, duften unsere Fingerspitzen nach Thymian", sagt Oma.

Beide zerreiben die Zweiglein.

Dann halten sie ihre Fingerspitzen unter die Nase.

„Hm!" sagt Aylin.

„Hm!" sagt Oma.

Aylins und Omas Fingerspitzen duften nach Thymian.

„Thymian riecht am allerbesten", sagt Aylin, „Thymian ist mein Lieblingsduft".

„Meiner auch", sagt Oma.

Mitten im Thymian liegt ein großer Felsbrocken. Oma und Aylin setzen sich drauf.

Sie sitzen mitten im Thymianduft. Das gefällt den beiden Schnuppernasen.

Doch einmal muß Schluß sein.

Oma und Aylin müssen wieder heimfahren.

Die ganze Heimfahrt schnuppert Aylin an ihren Fingerspitzen.

Hm, Thymian.

Haben Sie Gelegenheit, Ihr Kind in einen Kräutergarten mitzunehmen? Zeigen Sie ihm, daß Pflanzen und besonders Kräuter intensive und unverwechselbare Gerüche entwickeln, wenn man die Blätter zwischen den Händen zerreibt. Natürlich darf auch jeder seinen Lieblingsduft auswählen. Das macht Spaß und fördert das Unterscheiden von Gerüchen.

Die Feen holen sich Zauberkraft

Oma fragt Aylin, ob sie Lust hat, mit ihr in den Botanischen Garten zu gehen.

„Dort gibt es die zauberhaftesten Pflanzen und herrliche Blütendüfte", sagt Oma, „dort können Feen sich Zauberkraft holen."

„Ich bin eine Fee", sagt Aylin. Sie will mitkommen.

„Ich bin auch eine Fee", sagt Oma.

So kommt es, daß zwei Feen durch den Botanischen Garten schweben, um sich Zauberkraft zu holen.

Es ist Frühling und die Feen schweben von einer Frühlingsblume zur anderen um zu schnuppern.

„Blütenduftschnuppern macht stark", sagt die Oma-Fee.

„Blütenduftschnuppern macht eine ganze Woche gute Laune", sagt die Aylin-Fee. Sie holt sich noch eine Nase voll Frühlingsduft bei einer Tulpe.

Dann machen sich die Feen wieder auf den Heimweg.

Stark und gut gelaunt.

Ist es nicht eine gute Idee, sich im Spiel in eine Fee zu verwandeln, die Zauberkräfte schöpft, wenn sie Blütendüfte schnuppert? Da kriegen alle gute Laune und außerdem werden bei Ihrem Kind sowohl die Phantasie als auch der Geruchssinn stimuliert.

Tips zum Weiterspielen

Mittagessen raten: Nicht verraten, was es zum Mittagessen gibt, und das Kind riechen und dann raten lasen, was es gibt. Selbstverständlich können nur vertraute Speisen erraten werden.

Schnupperwoche: Eine Woche lang jeden Tag eine Einrichtung besuchen, die besonders intensiv und typisch riecht. Beispiele: Schwimmbad – Fischgeschäft – Parfümerie – Pferdestall (Bauernhof / Ponyhof / Reitverein) – Bäckerei – Autowerkstatt – Gewürzladen – Teeladen – Kaffeeladen – Schweinestall (Bauer / Tiergehege / Zoo) – Wald, nachdem es geregnet hat.

Duftsäckchen basteln: Stoffsäckchen mit getrockneten „Lieblingsduft-Pflanzen" füllen. Beispiele: Rosenblätter – Lavendel – Thymian.

6
Wie verschiedene Dinge schmecken

Kinder entwickeln schon sehr früh ein Gefühl dafür, was ihnen gut oder schlecht schmeckt. Dies können Eltern immer wieder feststellen. Geschmacksunterschiede wie süß und sauer nimmt schon das Baby wahr.

Abwechslungsreiche Nahrung führt dazu, daß Ihr Kind den Geschmackssinn entwickelt. Es lernt, die unterschiedlichen Nahrungsmittel zu unterscheiden. Und es wird später auch Freude daran haben, etwas Unbekanntes zu probieren.

Genießen Sie gemeinsam mit Ihrem Kind die unterschiedlichen Geschmacksnuancen: lassen Sie etwa Ihr Kind den „Lieblingskäse" bestimmen, probieren Sie gemeinsam die unterschiedlichen Apfelsorten, Brotsorten usw. Auch Zahnpasten rufen ganz unterschiedliche Geschmacksempfindungen hervor: frisch, lecker, süß oder scharf und beißend.

Geruchs- und Geschmacksinn arbeiten übrigens eng zusammen: Das hat jeder erfahren, dem schon einmal beim Duft von Weihnachtsplätzchen oder der Lieblingsspeise das Wasser im Munde zusammengelaufen ist.

Es gibt keinen Kaba

Oma ist gerade aufgestanden, da klingelt das Telefon.

Sie nimmt den Hörer ab.

Es ist Aylin.

Aylin ist sehr aufgeregt, sie kann vor Aufregung kaum

sprechen. Oma versteht aber, daß etwas kaputt gegangen ist.

„Aylin, ich habe dich nicht verstanden. Sag es mir noch einmal langsam. Was ist kaputtgegangen?“ fragt Oma.

„Die Milch!“ ruft Aylin erschüttert.

„Ist sie runtergefallen und ausgeschüttet?“ fragt Oma.

„Nein, die Milch ist kaputt – einfach kaputt“, erklärt Aylin, „es gibt keinen Kaba für mich. Er schmeckt nicht mehr!“

Ganz leise hört Oma die Stimme von Aylins Papa im Telefon, und die Stimme sagt: „Die Milch ist sauer.“

„Aha“, sagt Oma zu Aylin, „die Milch ist sauer geworden, und wenn die Milch sauer ist, dann ist sie kaputt. Dann kannst du keinen Kaba trinken.“

„Ist das schlimm?“ fragt Oma, und Aylin seufzt: „Jaaaaa“.

„Ihr müßt neue Milch kaufen“, schlägt Oma vor.

Auf die Idee war Aylins Papa auch schon gekommen, aber die Geschäfte haben noch zu, und Aylin muß noch ein bißchen warten.

„Warten ist schwer“, sagt Oma, „aber ich glaube, du schaffst es.“

Warum zeigen Sie Ihrem Kind nicht auch einmal, daß Milch, mit der sonst der köstliche Schokoladentrunk hergestellt wird, auch ungenießbar (weil sauer) werden kann.
Kinder sind von Natur aus neugierig und werden an der Milch riechen, sie vielleicht sogar kosten wollen. Größere Kinder werden fragen, warum die Milch sauer werden kann, und so können sie gleichzeitig ein beeindruckendes Geschmacks- und Riecherlebnis vermitteln und den größeren Kindern eventuell Wissenswertes vermitteln.

Lustiges Abendessen

Oma ist bei Aylin zu Besuch.

Aylins Mama und Papa decken den Tisch, denn gleich gibt es Abendessen.

Auf dem Tisch liegen schon viele leckere Sachen: Brot, Oliven, Käse, Tomaten und Kräuter.

Alle setzen sich an den Tisch und Aylin klettert in ihren Hochstuhl.

Aylin muß sich entscheiden, welchen Käse sie auf dem Brot haben möchte. Von jedem Käse bekommt sie ein winziges Stückchen zum probieren. Aylins Mama sagt dabei die verschiedenen Käsenamen: „Das ist Appenzeller, das ist Gouda, das ist Emmentaler ..."

Aylin entscheidet sich für Goudakäse. Dazu nimmt sie Oliven.

Das schmeckt gut!

Oma hat auf dem Tisch lange Schnittlauchstengel entdeckt.

Schnell nimmt sie zwei Stengel und klemmt sie sich zwischen ihren Mund und ihre Nase.

„Muckmuckmuck", sagt sie zu Aylin.

Aylin will auch zwei Schnittlauchstengel haben.

Sie will auch ein Hase sein.

Schön und lustig sehen die beiden mit ihren Schnurrbarthaaren aus.

„Guten Appetit", sagen Mama und Papa.

„Muckmuckmuck", sagen die beiden Hasen.

Es ist schwer mit Schnurrbarthaaren zu essen, aber sehr lustig.

Das hätten Aylins Mama und Papa nicht gedacht, daß sie heute mit zwei Hasen zu Abend essen müssen.

Wenn Ihr Kind gerne Käse ißt oder zumindest keine Aversion gegen Käse hat, bieten Sie ihm doch öfter einmal mehrere Sorten zum Probieren an. Es wird seinen Lieblingskäse auswählen, vom einen zum anderen Mal seine Meinung womöglich ändern und so mit der Zeit seinen Geschmackssinn und sein Unterscheidungsvermögen stärken.
Der Spaß mit dem Schnittlauch-Schnurrbart kräftigt die Mundmuskulatur, was für eine gute Aussprache nützlich ist.

Tips zum Weiterspielen

Rate-Schmeckspiel: Mit geschlossenen Augen verschiedene Obst- oder Gemüsesorten erkennen. Beispiele: Apfel – Kiwi – Banane – Karotte – Orange – Zitrone – Zwiebel.

Jeweils kleine Stückchen zurechtschneiden und kosten lassen.

Plätzchen backen: Gemeinsam backen, probieren und die Lieblingssorte feststellen.

Saftig-saftig: Aus verschiedenen Obst- oder Gemüsesorten gemeinsam Saft herstellen. Manche ergeben viel Saft, manche weniger, manche schmecken süß, manche eher sauer usw.

7

Fühlen und Tasten – die Welt begreifen

Unsere Haut ist ein Sinnesorgan.

Ob am Arm, am Rücken oder unter dem Fuß, die Haut meldet uns, wie die Dinge beschaffen sind, welche Größe oder Form sie haben und wie sie sich anfühlen – ob sie weich oder hart, rauh oder samtig, warm oder kalt sind. Sie meldet uns auch Gefahren, sie signalisiert uns nämlich, wenn etwas weh tut, z. B. weil es heiß, spitz oder scharf ist.

Mit ihrer Hilfe können wir unsere Umwelt immer genauer und auch besser einschätzen und entsprechend reagieren.

Auch der Mund ist ein Tastorgan. Kleine Kinder stecken so gerne alles in den Mund, weil sie genau wissen wollen, wie sich alles anfühlt.

Unsere Fußsohlen sind ebenfalls äußerst sensibel und ertasten Bodenbeschaffenheiten, Wärme – Kälte – Trockenheit und Feuchtigkeit. Am intensivsten erforschen unsere Hände die Umwelt. So können kleine Kinder ihre Umgebung be„greifen" und er„fassen".

Doch wir fühlen, begreifen und erfassen nicht nur, wir werden auch gefühlt, gestreichelt, berührt, gedrückt, gekitzelt, massiert oder geschoben und haben dabei angenehme oder unangenehme Empfindungen.

Für die gesunde Entwicklung Ihres Kindes sind diese vielfältigen Erfahrungen unerläßlich.

Lassen Sie Ihr Kind viele Fühl- und Tasterfahrungen machen, damit es sich in seiner Haut so richtig wohlfühlt.

Lassen Sie Ihr Kind viel barfuß laufen, damit es im Leben „Fuß fassen kann" und später „mit beiden Beinen" im Leben steht.

Einen Stern malen

Oma breitet Zeitungspapier auf dem Küchentisch aus, denn Aylin will einen großen Stern malen.

Ohne Malstifte und ohne Pinsel. Nur mit den Fingern.

Aylin hat einen Malkittel an und tupft den Malfinger in die dicke gelbe Fingerfarbe.

Die Farbe fühlt sich weich und matschig an.

Aylin tupft und malt und tupft und malt, bis der ganze Stern gelb ist.

Wunderschön sieht er aus.

Auch Aylin und ihr Malkittel sind gelb, aber das macht nichts. Aylin kann sich waschen, und Oma kann den Kittel in die Waschmaschine stecken.

Oma lacht über die gelbe Aylin und fragt: „Bist du vielleicht auch ein Stern?"

„Nein", lacht Aylin.

„Bist du vielleicht eine Zitrone?" fragt Oma.

„Nein", lacht Aylin.

„Bist du vielleicht eine Sonnenblume?" fragt Oma.

„Du bist eine Sonnenblume", lacht Aylin und zeigt auf Omas Gesicht.

Oma läuft zum Spiegel und sieht, daß sie auch gelb angemalt ist.

Beide waschen sich die gelbe Farbe ab, und als der Stern getrocknet ist, steckt Oma ihn an einem Stab fest.

Nun kann Aylin ihn gut tragen.

Malen macht den meisten Kindern Spaß und verbessert auf spielerische Weise ihre Wahrnehmung der Außenwelt, ihr Ausdrucksvermögen und ihre kreativen Fähigkeiten.

Wenn Sie viel mit Ihrem Kind malen oder es malen lassen, so werden seine Hände immer geschickter werden, es wird die Farbenwelt erforschen und phantasievoll damit umgehen. Fingerfarben sind für Kinder ein besonderes Malerlebnis, weil sie dabei auch tasten und fühlen können.

Oma malt auf Aylins Rücken

Aylin sitzt vor Oma auf dem Stuhl und hat ihre Arme auf den Tisch gelegt.

Oma will mit dem Finger auf Aylins Rücken malen, und Aylin will es erraten.

Omas Finger malt einen Punkt auf Aylins Rücken.

„Was war das?"

„Ein Punkt", sagt Aylin.

„Richtig." Oma freut sich und malt einen Strich auf Aylins Rücken.

„Was war das?"

„Ein Strich", sagt Aylin.

„Richtig." Oma freut sich und malt einen Kreis auf Aylins Rücken.

„Was war das?"

„Ein Kreis", sagt Aylin.

„Wieder richtig", freut sich Oma.

Nun malt sie etwas ganz Schwieriges auf Aylins Rücken, nämlich eine Schlange, die sich den ganzen Rücken herunterschlängelt.

„Was war das?"

„Eine Schlange", sagt Aylin. Sie hat sich alle Zeichen gut gemerkt.

„Wieder richtig", freut sich Oma.

Doch was hat Oma jetzt vor?

Sie lacht hinter Aylins Rücken und ihre Finger zappeln.

Die Finger kommen immer näher und dann kitzeln sie Aylin überall.

Sie kitzeln am Rücken und am Hals und unter den Armen!

Aylin quietscht und zappelt und rutscht vor Lachen auf den Boden.

„Das war die Kitzelmaschine!" lacht Oma.

Gar nicht so einfach, auf den Rücken gemalte Formen zu erkennen. Vielleicht wird Ihrem Kind und Ihnen dieses Spiel deswegen besonders viel Spaß bereiten. Und was wird dabei gefördert? Sich zu konzentrieren, seinen Fühl- und Tastsinn zu schärfen und das Erfühlte sprachlich auszudrücken.

Mit Knete spielen

Die Knete ist hart. Sie muß weich gemacht werden.

Aylin und Oma kneten und kneten und kneten.

Dann ist die Knete weich und warm.

Oma zeigt Aylin, wie lange Würstchen gerollt werden.

Aylin kann es.

Das Würstchen wird immer länger.

Aylin will aus dem langen Würstchen lauter kleine Stückchen schneiden.

Schneiden ist schwer.

Das Spielmesser muß gerade gehalten werden.

Die scharfe Seite muß nach unten zeigen.

Aber Aylin kann es.

„Ich backe mir Würstchen", sagt Aylin.

Oma lacht: „Backen kann man nur Brot und Brötchen, und Kuchen und Plätzchen."

Aylin steckt ein kleines Knetestück auf einen Zahnstocher.

„Ich backe mir einen Lutscher", sagt sie.

Oma lacht: „Backen kann man nur Brot und Brötchen, und Kuchen und Plätzchen."

Aylin steckt noch ein Knetestück auf einen Zahnstocher.

„Ich backe mir ein Eis", lacht sie.

Oma lacht auch.

So ein Quatsch.

„Backen kann man nur Brot und Brötchen und Kuchen und Plätzchen!"

Das weiß Aylin längst.

Aber Quatschmachen ist schön.

Kinder lieben Kneten. Hat es Sie nicht schon einmal gelüstet mitzukneten? Nur keine Scham. Sie können dabei mit Ihrem Kind in einer entspannten Atmosphäre ein „Schwätzchen" halten, füreinander Formen und Tiere herstellen, und dabei werden ganz objektiv die Handmuskulatur gekräftigt, die Geschicklichkeit verbessert sowie die gestalterische Kreativität Ihres Kindes stimuliert.

Tips zum Weiterspielen

Krabbelsack: In eine Stofftasche werden verschiedene Materialien gesteckt, die vom Kind beim Hineingreifen ertastet und benannt werden dürfen. Beispiele: Bleistift – Kassette – kleiner Ball – leerer Luftballon – Schnur – Bürste – Wäscheklammer – Korken – Kerze – Schlüssel – Becher – Löffel – Schneckenhaus – Muschel – Federball – kleine Schere – Kugelschreiber – eingewickelter Bonbon.

Fußfühlstraße: Aus verschiedenen Materialien einen langen Weg legen, barfuß darübergehen und mit den Füßen ertasten. Beispiel für die Wohnung: Frotteehandtuch – rauhe Fußabstreifermatte – großes Schmirgelpapierblatt – Wellpappe – Fell – Styroporplatte – Wollschal – Bastmatte – aus Schnur gehäkeltes Einkaufsnetz – Plastikpackmaterial mit Luftbläschen. Beispiel für den Garten: Steine – Kies – Sand – Äste – Stroh – Rindenmulch – Wasser. (Alles evtl. in Schüsseln)

Tastbild basteln: Auf einen großen Karton oder ein Brett verschiedene Tastmaterialien kleben. Beispiele: Fell – Kronkorken – Knopf – Wellpappe – Schwamm – Schmirgelpapier – Leder – Dosendeckel – Schaumstoff – Styroporstück – Muschel – Eislöffel – alte Kassette.

Wenn von allen Teilen ein identisches Zwillingsteil vorhanden ist, wird ein Spiel daraus: Das Kind sucht mit verbundenen oder geschlossenen Augen das zum dargereichten Objekt gehörige Zwillingsteil auf dem Tastbild.

8

Den Körper wahrnehmen

Schon früh beginnen Kinder ihren Körper zu erforschen, sie probieren, was alles zu ihm dazu gehört, spielen mit Händen und Füßen und probieren, was sich alles damit anstellen läßt.

Sobald ein Kind dann auch krabbeln und später laufen kann, geht es auf spannende Entdeckungsreisen und erobert sich sein Umfeld. Daß dies für das Kind so aufregend und beglückend ist, erklärt, warum es sich ununterbrochen in Bewegung befindet und erst gar nicht mehr still sitzen will.

Auch seine Wünsche oder Empfindungen drückt das Kind schon früh mit seinem Körper aus.

Es klatscht vor Freude in die Hände oder wirft sich vor Wut auf den Boden.

In einem relativ frühen Stadium seiner Entwicklung erkennt das Kind sich und seinen Körper als zusammengehörig und sagt zum erstenmal „Ich". Ein großer Augenblick im Leben eines kleinen Kindes und seiner glücklichen Eltern.

Die Wahrnehmung des eigenen Körpers, z. B. im Bewegungsspiel, ist die Grundlage für eine ausgeglichene Persönlichkeitsentfaltung, für Gesundheit, Intelligenz und positives Sozialverhalten.

Ohne diese „Körperlichkeit" kann es zu Wahrnehmungsstörungen, Verhaltensauffälligkeiten und gesundheitlichen sowie psychosomatischen Erkrankungen kommen.

Ermöglichen Sie Ihrem Kind vielfältige Körper- und Bewegungserfahrungen. Bewegen auch Sie sich, denn Sie sind Modell für Ihr Kind. Es eifert Ihnen nach.

Je offener und demzufolge geschickter Ihr Kind mit seinem Körper umgehen kann, desto besser entwickelt sich auch sein Selbstwertgefühl, und sein Vertrauen in sich und die Welt.

Wo ist der Mund?

Aylin mag heute nicht alleine essen.

Oma hat das Brot in Würfel geschnitten und füttert sie.

„Wo will das Brot denn hin?" fragt Oma und nimmt ein Stück in die Hand.

„In Aylins Mund", piepst das Brot und kommt an Aylins Nase.

„Halt!" ruft Oma, „das ist doch nicht der Mund, das ist doch die Nase!"

Aylin lacht.

„Wo ist denn der Mund?" piepst das Brot.

Aylin macht den Mund auf, und das Brot springt hinein.

Oma nimmt das nächste Stück Brot und fragt, wo es hin will.

„In Aylins Mund", piepst das Brot und kommt an Aylins Kinn.

„Halt", ruft Oma, das ist doch nicht der Mund, das ist doch das Kinn!"

Aylin lacht.

„Wo ist denn der Mund?" piepst das Brot, und Aylin macht den Mund auf.

Schwupps – ist das Brot hineingesprungen.

Bis Aylin satt ist, finden noch viele Brotwürfel den Mund.

Hier kann Ihr Kind lernen, die verschiedenen Gesichtsteile zu identifizieren. Wenn Ihr Kind schon etwas größer ist und mehr weiß als das „dumme Brot", kann es sich bei diesem Spiel erst recht amüsieren.

Wo ist das Smartie?

Aylin und Mama haben Plätzchen gebacken und haben Oma welche mitgebracht.

Auf jedem Plätzchen klebt ein Smartie.

Hmmm.

Aylin will sofort mit Oma Plätzchen essen.

Aylin nimmt sich ein Plätzchen, kratzt schnell das Smartie ab, und steckt es in den Mund.

Oma starrt auf das Plätzchen.

„Nanu, das Smartie ist weg. Eben war es doch noch da!"

Oma schaut unter den Tisch – kein Smartie.

Oma schaut in Aylins Latzhosentasche – kein Smartie.

Aylin lacht.

„Das gibt es doch nicht", sagt Oma, „Aylin, weißt du, wo das Smartie hingekommen ist?"

„In mein' Bauch", lacht Aylin vergnügt.

„Da muß ich aber sehr aufpassen", meint Oma, „daß die anderen Smarties nicht auch alle in deinem Bauch verschwinden."

Hat Ihr Kind Sie auch schon einmal gefragt, was nach dem Runterschlucken mit dem Brot oder dem Apfel passiert? Kinder finden es faszinierend, was beim Essen passiert, und spaßige Gespräche oder Bäuchlein reiben sind eine gute Sache, um den Kindern die lustvolle Dimension des Essens zu vermitteln.

Aylin mag Kiwi

Aylin und Oma wollen Kiwi essen.

Oma schneidet eine Kiwi mitten durch und holt mit dem Löffel Fruchtfleisch heraus.

Aylin will den Löffel alleine in den Mund stecken.

Deshalb legt Oma den Löffel vor Aylin auf den Teller.

Als Oma wegschaut, steckt Aylin schnell den Löffel in den Mund und legt den leeren Löffel wieder auf den Teller.

„Oma, die Kiwi ist weg", sagt Aylin und grinst.

Oma schaut auf den leeren Löffel.

„Nanu, wo ist sie denn? Eben war sie doch noch da.

Steckt sie etwa schon in deinem Mund, Aylin?"

Oma starrt in Aylins aufgesperrten Mund.

„Im Mund ist sie nicht", stellt Oma fest.

„Ich hab' sie schon runter gebissen", sagt Aylin.

„Aha, du hast sie runtergeschluckt", meint Oma, „und wo ist sie jetzt?"

„Ist sie vielleicht ins Knie gerutscht?" fragt Oma und kitzelt das Knie.

„Nein", lacht Aylin.

„Ist sie vielleicht in den Fuß gerutscht?" fragt Oma und kitzelt den Fuß.

„Nein", lacht Aylin.

„Ist sie vielleicht in den Po gerutscht?" fragt Oma und zwickt in den Po.

„Auch nicht", lacht Aylin.

„Ist sie vielleicht in den Bauch gerutscht?" fragt Oma und kitzelt den Bauch.

„Jaaa", lacht Aylin und hält sich den Bauch, weil es so kitzelt.

„Na gut", meint Oma, „dann hole ich ein neues Kiwistück auf den Löffel."

Ob das auch so schnell verschwindet?

Alles Essen landet im Bauch. Und mit solch einem einfachen und amüsanten Spiel können Sie das demonstrieren und über das Berühren und Benennen vieler anderer Körperteile das kindliche Körperempfinden und sein Wissen über den eigenen Körper verbessern.

Der Schatten

Oma fährt Aylin im Kinderwagen spazieren.

Auf Aylins Schoß sitzt die Puppe Carlotta.

Die Sonne scheint auf Oma, auf Aylin und auf den Kinderwagen.

Sie wirft ihre Schatten auf den Gehweg.

Oma deutet darauf: „Schau, das ist mein Schatten", sagt Oma zu Aylin und faßt sich an den Kopf.

Auch Omas Schatten faßt sich an den Kopf.

„Schau, das ist dein Schatten", sagt Oma und faßt gleichzeitig an Aylins Kopf.

Auch die Schatten-Oma faßt an den Kopf von Aylins Schatten.

Oma nimmt die Puppe Carlotta und läßt sie auf dem Wagenrand zappeln.

Aylin sieht, daß auch Carlottas Schatten zappelt.

Dann machen Oma und Aylin Faxen, und die Schatten machen alles mit.

Oma und ihr Schatten stehen gerade auf einem Bein, Aylin und ihr Schatten strecken gerade ein Bein hoch in die Luft, da sind die Schatten plötzlich weg.

Nanu, was ist passiert?

„Schau, Carlotta, jetzt sind die Schatten abgestellt", sagt Aylin und zeigt auf den Boden.

Oma schaut zum Himmel und zeigt hoch:

„Schau, die Sonne ist weg, eine dicke Wolke ist nun am Himmel, und ohne Sonne gibt es keinen Schatten."

Aylin schaut lange zum Himmel hoch, aber die dicke Wolke bleibt da, und die Sonne kommt nicht mehr hervor.

Wenn auch Ihr Kind vom Schatten fasziniert ist, können Sie ihm mit diesem Spiel die logischen Zusammenhänge zwischen Sonne und Schatten vermitteln. Die Kinder finden es toll herauszubekommen, daß der Schatten zu ihnen gehört und sich genauso bewegt wie sie selbst.

Papa möchte ein Küßchen

Aylin mag Papa heute kein Küßchen geben, und wenn sie das nicht mag, braucht sie das auch nicht.

Papa ist traurig.

Da kann man nichts machen.

Oder – doch???

Papa sieht, daß Aylin in den Spiegel guckt und Faxen macht. Es gefällt Aylin, daß die Spiegel-Aylin alles mitmacht. Papa kniet sich neben Aylin und macht auch Faxen.

Aylin lacht über den Spiegel-Papa, der alles mitmacht.

„Ob die Spiegel-Aylin dem Spiegel-Papa auch ein Küßchen gibt, wenn du mir eines gibst?" fragt Papa listig.

Aylin lacht und gibt Papa ein Küßchen. Sie schaut dabei in den Spiegel und sieht, wie die Spiegel-Aylin dem Spiegel-Papa auch ein Küßchen gibt.

Hat Ihr Kind schon die Entdeckung gemacht, daß sein Spiegelbild zu ihm gehört? Wenn nicht, zeigen Sie es ihm doch wie hier im Spiel. Denn ein doppelter Zappel-Philipp macht auch doppelt so viel Spaß.
Sie können das Spiel natürlich auch inhaltlich verändern; denn das Küßchengeben soll doch auf alle Fälle auf freiwilliger und freudiger Basis stattfinden.

Die Puppe Carlotta will ein Hustenbonbon

Oma und Aylin sind erkältet.

Sie sitzen nebeneinander auf dem Sofa und lutschen Hustenbonbons.

Zwischen ihnen sitzt die Puppe Carlotta.

Oma nimmt die Puppe Carlotta und stellt sie auf Aylins Schoß.

„Ich will auch einen Hustenbonbon", piepst Carlotta.

„Nein", sagt Aylin streng zu ihr, „du kriegst keinen. Du hast keinen Husten."

„Ich hab Halsweh und Kopfweh und Ohrweh und Bauchweh und Popoweh", piepst die Puppe Carlotta.

Sie faßt sich an ihren Hals, ihren Kopf, ihr Ohr, ihren Bauch und ihren Popo.

„Also gut", lacht Aylin, „einen Bonbon kriegst du. Aber Popoweh gibt's gar nicht."

Carlotta bekommt einen Hustenbonbon.

Nun ist sie zufrieden.

Wie „Aylin mag Kiwi" widmet sich auch diese Spiel-Geschichte der Benennung der verschiedenen Körperteile.

Das Zähneputzen

Nach dem Essen gehen Oma und Aylin ins Badezimmer zum Zähneputzen.

Aylin klettert auf einen kleinen Hocker.

Oma läßt Wasser in den Zahnbecher laufen und tut Zahnpasta auf Aylins Zahnbürste.

„Ich kann mir schon ganz alleine die Zähne putzen", sagt Aylin und nimmt sich die Zahnbürste.

Ob Aylin das wirklich schon kann?

Oma schaut genau hin. Sie sieht, daß Aylin es richtig macht.

Die Zahnbürste geht hoch und tief und hin und her.

Doch was macht Aylin jetzt?

Sie streckt ihre Zunge heraus und schrubbt mit der Zahnbürste die Zunge!

„Halt", ruft Oma, „das ist doch keine Zungenbürste, sondern eine Zahnbürste!"

Aylin verschluckt sich fast vor Lachen.

Dann putzt sie ihre Zähne wieder richtig.

Sie spült noch den Mund aus.

Fertig.

Aylin ist wirklich schon ein großes Mädchen, denkt Oma und freut sich.

Zähneputzen ist eigentlich lustig, aber da wir Eltern so darauf drängen, verlieren die Kinder des öfteren den Spaß an der Sache. Dabei sind sie eigentlich ganz stolz, sich die Zähne schon ganz allein putzen zu können. Das müssen wir ausnutzen, und wenn wir uns dann beim Zähneputzen auch Zeit zum Quatschmachen nehmen, geht alles wie von selbst und wird bald zur Routine.

Der kranke Fuß

Omas Fuß ist beim Gehen umgeknickt.

Er ist dick geschwollen und tut weh.

Da klingelt das Telefon.

Oma humpelt zum Telefon und nimmt den Hörer ab.

Es ist Aylin.

Aylin möchte Oma besuchen und freut sich schon darauf.

Oma erzählt Aylin, daß sie einen kranken Fuß hat.

„Du kannst aber trotzdem kommen", sagt sie.

Aylin ist still.

„Hallo Aylin, bist du noch da?" fragt Oma.

„Ja, aber ich mach mir Sorgen, daß du mich ansteckst", sagt Aylin.

„Ich hab doch keine Erkältung", lacht Oma, „du kannst ruhig kommen."

„Ja, aber vielleicht steckst du mich mit deinem Fuß an", sagt Aylin.

Oma lacht. Sie erklärt Aylin, daß ein umgeknickter Fuß nicht ansteckend ist.

Aylin freut sich.

„Willst du morgen zu mir kommen?" fragt Oma.

„Ja", sagt Aylin, „noch einmal schlafen. Dann komm ich!"

Wenn in Ihrem näheren Umfeld jemand krank wird, so ist dies eine prima Gelegenheit, um mit Ihrem Kind über ansteckende und nicht ansteckende Krankheiten zu reden. So kommen Sie auf ein wichtiges und ernstes Thema zu sprechen und haben dabei doch die Gelegenheit, die Ängste Ihres Kindes zu relativieren.

Schattentrampeln

Oma holt Aylin zu Hause ab. Sie gehen spazieren.

Die Sonne scheint.

Omas Schatten geht immer vor Oma her, und Aylins Schatten geht immer vor Aylin her.

„Die Sonne scheint. Wir haben einen Schatten", sagt Oma.

„Willst du mit mir Schattentrampeln spielen?"

Aylin will.

„Du kannst meinen Schatten nicht erwischen, weil ich ausreiße", lacht Oma und läuft davon.

Aylin rennt hinter Oma her. Immer, wenn sie auf Omas Schatten tritt, ist er schon wieder weg! – Da, jetzt hat sie ihn!

Aylin und Oma lachen.

„Jetzt trampelst du mal auf meinen Schatten", sagt Aylin und läuft davon.

Oma rennt hinter Aylin her. Sie kann den Schatten nicht erwischen, weil Aylin so schnell ist.

„Warte nur, gleich hab ich ihn!" ruft Oma und macht einen Satz.

Dann steht sie auf Aylins Schatten und nimmt Aylin in den Arm.

„Schattentrampeln ist schön", lacht Aylin.

Deshalb spielen beide noch ganz oft Schattentrampeln.

Bis Oma müde ist und sich ausruhen muß.

Auch hier geht es um das Begreifen des logischen Zusammenhangs zwischen Sonne und Schatten. Dabei wird Ihr Kind flitzen und springen und so seine Reaktionsgeschwindigkeit, sein Koordinationsvermögen und nicht zuletzt sein Herz-Kreislaufsystem trainieren.

Tips zum Weiterspielen

Spiegelspiel: Zwei sitzen sich gegenüber. A spielt den Spiegel, B schaut hinein und führt bestimmte Bewegungen sehr langsam aus, die A als das Spiegelbild alle mitmacht (Fratzen schneiden, Schminkbewegungen, Kämmen, Klatschen usw.).

Rückwärtsgang: Über einen vereinbarten Zeitraum gehen alle nur rückwärts in der Wohnung herum, z. B. die Mutter vom Herd zur Speisekammer und wieder zurück, mit dem Kind zur Toilette oder ins Bad, ins Schlafzimmer zum Bettenmachen.

Gangarten: Bei einem Spaziergang gemeinsam verschiedene Gangarten ausprobieren. Beispiele: Tippeln, Trampeln, Schlurfen, Marschieren, Rennen, Humpeln, Hüpfen.

Fußbild malen: Am Boden sitzen, einen Stift zwischen die Zehen nehmen und ein Bild malen.

9

Gleichgewicht – auf den eigenen Füßen durchs Leben gehen

Wir leben auf dieser Erde und sind ununterbrochen mit ihrer Anziehungskraft konfrontiert.

Welch mühsame Arbeit für das Kleinkind, bis es sich „aufrichten" kann. Unermüdlich ist es am Üben, bis es endlich Balance halten und krabbeln und laufen kann.

Dabei hilft ihm sein Gleichgewichtssinn.

Je besser der Gleichgewichtssinn ausgeprägt ist, desto sicherer wird sich Ihr Kind bewegen und somit weniger unfallgefährdet sein.

Erfinden Sie für Ihr Kind spielerische Gleichgewichtsübungen, lassen Sie es balancieren, nach Herzenslust schaukeln, lassen Sie es kullern, klettern, sich drehen und tanzen, ruhig 'mal bis zum Schwindligwerden.

Denn auch das Spielen gehört zum Großwerden, und Ihr Kind wird leichter lernen, sicheren Fußes durchs Leben zu schreiten.

Aylin will Karussell fahren

Aylin und Oma spielen bei Oma im Wohnzimmer, da will Aylin gerne Karussell fahren.

„Bei mir gibt es viele Karussells", sagt Oma, „willst du sie mal ausprobieren?"

Aylin will.

Aber erst müssen die Spielsachen vom Boden weggeräumt werden.

Danach steht Oma auf, faßt Aylin an beiden Händen und dreht sich im Kreis.

Aylins Füße fliegen vom Boden weg und dann geht's – hui, hui, hui – immer schneller im Kreis herum.

Endlich hört das Karussell auf sich zu drehen, und Aylin liegt am Boden. Hui, ist ihr schwindlig!

Oma nimmt für das nächste Karussell einen Turnreifen und läßt Aylin mit anfassen.

„Das Karussell fängt an sich zu dreh'n, ganz langsam soll es erst mal geh'n", sagt Oma, und beide drehen sich ganz langsam mit dem Reifen.

„Dann geht es schneller von der Stell: hui dreht sich jetzt das Karussell!" ruft Oma.

Aylin und Oma rennen so schnell sie können im Kreis.

Ihre Haare fliegen.

„Das Karussell hört auf zu dreh'n, das Karussell bleibt endlich steh'n", sagt Oma und schon steht das Karussell.

Jetzt noch das Flugzeugkarussell.

Oma faßt Aylin an einer Hand und an einem Fuß und fängt an, sich zu drehen. Aylin fliegt wie ein Flugzeug in der Luft.

Mal hoch, mal tief fliegt das Flugzeug, und Aylin quietscht vor Vergnügen. Huihuihui, dreht sich das Karussell!

Endlich hält das Karussell, und das Flugzeug landet am Boden.

„Mir ist schwindlig!" ruft Aylin und kullert lachend am Boden herum.

„Mir ist auch schwindlig", sagt Oma und fällt um.

Nun liegen alle beide am Boden und lachen.

Aylin möchte noch einmal mit dem Flugzeugkarussell fahren, aber das geht nicht mehr.

„Das Karussell ist umgekippt und kaputt gegangen. Es kann nicht mehr fahren", sagt Oma. „Vielleicht kannst du es reparieren?"

Aylin fängt gleich damit an.

Bei diesem Spiel können Sie mit Ihrem Kind gemeinsam Ihrer beider Gleichgewichtssinn verbessern. Außerdem ist „Fliegen" doch eine herrliche Bewegungserfahrung.

So steigt man vom Sofa

Oma schaut ins Wohnzimmer und erschrickt.

Aylin steht auf einem Bein auf dem großen Sofa.

Das andere Bein hat sie nach vorne ausgesteckt, als wollte sie einen Schritt in die Luft machen. An der Hand hat sie die Puppe Carlotta.

Oma rennt herbei, um Aylin aufzufangen.

Aber Aylin fällt nicht runter.

„Schau Carlotta – sooo gar nicht", erklärt Aylin ihrer Puppe und ihr eines Bein schwebt schon wieder über dem Sofarand.

Dann läßt sie sich auf den Po plumpsen.

„Schau, Carlotta, so geht's vom Sofa runter", sagt Aylin, dreht sich auf den Bauch und rutscht mit den Füßen voraus vom Sofa.

Das hat Aylin gut gemacht, findet Oma.

Nun wird die Puppe Carlotta bestimmt keinen falschen Schritt vom Sofa machen und runterfallen.

Üben Sie mit Ihrem Kind wie hier in spielerischer Weise das Abwärtsbewegen vom Sofa oder das Treppensteigen. Vielleicht haben Sie auch Lust mit Ihrem Kind um die Wette zu „hickeln". Das macht einen Riesenspaß und fördert sowohl den Gleichgewichtssinn als auch die allgemeine Wahrnehmung des eigenen Körpers.

Oma hat einen Wackelschoß

Aylin will auf Omas Schoß sitzen.

„Das ist aber sehr gefährlich", sagt Oma, „ich habe heute einen Wackelschoß."

Aylin klettert auf Omas Schoß.

Kaum sitzt sie oben, da fängt der Schoß ganz fürchterlich zu wackeln an, und Aylin wackelt mit:

Es geht hoch und tief, und hin und her.

Aylin quietscht vor Lachen und hüpft und wackelt auf dem Schoß herum.

Plötzlich öffnet sich der Schoß und Aylin rutscht nach unten.

Oma fängt Aylin auf und stellt sie vorsichtig auf den Boden.

So ein Glück. Beinahe wäre Aylin runtergefallen.

„Der Wackelschoß ist sehr gefährlich", sagt Oma, „willst du immer noch drauf sitzen?"

„Jaaa", lacht Aylin, „der Wackelschoß ist schön."

Noch ganz oft klettert Aylin auf Omas Wackelschoß und Oma paßt auf, daß sie sich beim Runterfallen nicht weh tut.

Balancehalten auf einem wackelnden Schoß ist eine tolle Angelegenheit, vorausgesetzt daß sich Ihr Kind sicher und geborgen fühlt und fühlt, daß Sie es niemals fallenlassen würden.

Aylin turnt am Stuhl

„Oma, du sollst kommen und zuschauen!" ruft Aylin aus dem Wohnzimmer.

Oma kommt. Sie setzt sich neben die Puppe Carlotta aufs Sofa.

Mitten im Wohnzimmer steht Aylins Kinderstuhl.

Aylin steht auf dem Sitz. Sie hält mit beiden Händen die Stuhllehne fest. Dann streckt sie ein Bein nach hinten hoch.

„Bravo!" ruft Oma und klatscht in die Hände.

„Bravo!" piepst die Puppe Carlotta.

Aylin macht ein neues Kunststück.

Sie legt den Stuhl auf seine eine Seite. Dann klettert sie auf die andere Seite.

Ob das gut geht?
Aylin stellt sich vorsichtig und streckt ihre Arme zur Seite.
„Bravo!“ ruft Oma.
„Toll!“ piepst die Puppe Carlotta.
Aylin steigt vorsichtig ab.
Sie probiert, wie man den Stuhl noch legen kann.
Dann macht sie ein neues Kunststück.
Und noch ein Kunststück.
Und noch ein Kunststück.
Oma staunt, was man mit einem Stuhl alles machen kann.
Nur darauf sitzen ist langweilig dagegen!
Dann ist die Vorstellung zu Ende.
Aylin verneigt sich vor dem Publikum.
„Bravo!!!“
Oma und der Puppe Carlotta tun vom Klatschen die Hände weh.

Auch beim Turnen am Stuhl wird der Gleichgewichtsinn trainiert, und Sie können gemeinsam mit Ihrem Kind endlose Turnvarianten erfinden.

Tips zum Weiterspielen

Balancierweg: Langen Weg zum Balancieren durch die ganze Wohnung legen. Beispiel: Langes Seil legen, dann mehrere Kissen hintereinander, anschließend zwei Stühle mit kleinem Abstand, zusammengerolltes, langes Badetuch, Sesselpolster, langen Schal.

Wer schon gut, ohne daneben zu treten, über den Weg kommt, kann dabei Gegenstände auf der Hand oder dem Kopf balancieren (Bierdeckel, Dosendeckel, kleines Kissen usw.).

Flieger: Der/die Erwachsene liegt am Boden und balanciert auf den senkrecht gehobenen Beinen das Kind. Die Füße halten das Kind in der Leistengegend. Der „Flieger" hält den Kopf, die Beine und die seitwärts gestreckten Arme waagrecht und balanciert sein Gleichgewicht aus. Vielleicht ist anfangs Hilfestellung nötig.

Stehen auf einem Bein: Alle versuchen, so lange wie möglich auf einem Bein zu stehen und sich dabei ununterbrochen zu bewegen. Oder: Auf einem Bein stehen, mit der linken Hand ans rechte Ohr fassen, mit der rechten Hand zusätzlich an die Nase fassen und evtl. noch auf die Zehenspitzen heben. Gegengleich ausführen.

10

Wahrnehmen von Räumen – die Umgebung entdecken

Schon vom Kinderbettchen aus beginnt das Kind, den es umgebenden Raum wahrzunehmen. Nach und nach entdeckt es dann die gesamte Wohnung, erforscht die Nachbarschaft, entdeckt Spielplätze, Straßen, Höfe. Dabei dehnt es seinen Radius immer weiter aus, lernt seine Umgebung immer besser kennen, findet Wege zurück und wird immer unternehmungslustiger. Es fängt an, selber Räume zu gestalten, lernt dabei Begriffe wie „auf", „unter", „vor", „neben" oder „hinter" kennen und spielt leidenschaftlich gerne Verstecken. Kinder sind glücklich, wenn sie gefunden werden oder selber finden. Wenn Sie diese Spiele mit Ihrem Kind spielen, wird es sich nicht nur besser in seiner Umgebung zurechtfinden, sondern auch später in den vielen Situationen des Lebens.

Die Puppe Carlotta sucht das Klo

„Ich muß mal Pipi!" ruft die Puppe Carlotta.

Oma faßt sie an den Händen und rennt mit ihr los.

„Wo ist das Klo?" piepst die Puppe Carlotta.

Sie rennt in die Küche und setzt sich auf einen Kochtopf.

„Halt!" ruft Oma, „das ist doch kein Klo, das ist doch ein Kochtopf!"

Aylin läuft hinterher und lacht.

Die Puppe Carlotta rennt in den Flur und setzt sich auf einen Schuh.

„Halt!" ruft Oma, „das ist doch kein Klo, das ist doch ein Schuh!"

„Wo ist das Klo?" piepst die Puppe Carlotta und rennt zu Aylin.

Aylin bringt die Puppe Carlotta zum Klo.

Pschsch – gerade noch geschafft!

Wenn Ihr Kind selbst schon auf die Toilette gehen kann, wird ihm dieses Spiel besonders viel Spaß machen, denn es kann sein Wissen weitergeben und der „dummen" Puppe helfen.

Die Puppe Carlotta muß schon wieder

„Oma", ruft Aylin, „die Carlotta muß aufs Klo!"

Sie faßt die Puppe Carlotta an den Händen und rennt mit ihr los.

Oma ruft aus der Küche:

„Bahn frei, Kartoffelkloß – sonst mach Carlotta in die Hos'!"

Aylin lacht und setzt die Puppe auf den Einkaufskorb.

„Halt", sagt Aylin zur Puppe Carlotta, „das ist doch kein Klo, das ist doch der Einkaufskorb."

Oma rennt und macht die Klotür für die Puppe Carlotta auf.

„Bahn frei, Kartoffelkloß – sonst macht Carlotta in die Hos'!" ruft Aylin und setzt die Puppe schnell aufs Klo.

Das war aber knapp!

Eine lustige Fortführung des vorherigen Klo-Spiels

Die Puppe Carlotta und der Waschbär sind weg

Oma holt Aylin am Bahnhof ab.

„Aylin, die Puppe Carlotta und der Waschbär haben sich im Wohnzimmer versteckt, und du sollst sie suchen."

Darauf freut sich Aylin.

Bei Oma angekommen, läuft sie gleich ins Wohnzimmer und schaut unter den Tisch.

Aber da ist niemand.

Sie schaut hinter die Truhe, aber da ist auch niemand.

Sie stellt sich auf Zehenspitzen und schaut auf den Schrank, aber da ist auch niemand.

Unglaublich, sie sind weg.

Aylin schaut zum leeren Puppenwagen und dann zur Oma.

„Vielleicht schaust du mal unter das Sofa?" fragt Oma.

Aylin liegt auf dem Bauch und schaut unter Omas Sofa. Da entdeckt sie den Waschbären.

„Hallo, Waschbär!" ruft sie, krabbelt unter das Sofa und holt ihn hervor.

Aylin setzt den Waschbären auf das Sofa.

Sie schaut sich um. Wo steckt die Puppe Carlotta?

Oma zeigt in die Ecke mit der großen Pflanze, und Aylin läuft hin.

Tatsächlich hat sich die Puppe Carlotta hinter der Pflanze versteckt.

„Hallo, Carlotta!" ruft Aylin.

Oma langt mit ihrem Arm hinter die Pflanze und holt Carlotta hervor.

Aylin setzt Carlotta in den Puppenwagen.

Nun sind alle wieder da, und das Spielen kann beginnen.

Lassen Sie Ihr Kind die verschiedenen Räume Ihrer Wohnung entdecken und nutzen Sie die Gelegenheit, auf spielerische Weise deren Funktion zu erklären. Diese kleine Expedition ist eine wunderbare Gelegenheit, um mit Ihrem Kind die Begriffe „unter", „über", „auf", etc. zu üben.

Aylin hat keine Lust fortzugehen

Oma will mit Aylin auf den Spielplatz gehen.

Dort sind Kinder, mit denen Aylin spielen kann.

Aber Aylin will nicht fort.

„Ich will hier bleiben. Bei dir ist es so schön", sagt sie.

„Was ist denn bei mir so schön, daß du nicht fortgehen willst?" fragt Oma.

Aylin schaut sich suchend um.

„Die Puppe Carlotta", sagt sie und zeigt auf Omas Sofa.

Dort sitzt die Puppe Carlotta und schaut zu Aylin und Oma.

„Die nehmen wir mit", sagt Oma.
Aber Aylin will nicht fort.
„Was ist denn bei mir so schön, daß du nicht fortgehen willst?" fragt Oma.
Aylin schaut sich suchend um.
„Die Bilderbücher", sagt sie und zeigt in die Bilderbuchecke.
„Die nehmen wir mit", sagt Oma.
Aber Aylin will immer noch nicht fort.
„Was ist denn bei mir so schön, daß du nicht fortgehen willst?" fragt Oma.
Aylin schaut sich suchend um.
„Die Kekse", sagt sie und zeigt auf die Keksdose.
Und was sagt Oma?
„Die nehmen wir mit."
Aylin will aber nicht fort.
Suchend schaut sie zur Decke.
„Die Lampe!" ruft sie und zeigt auf die Lampe.
Und was sagt Oma?
„Die nehmen wir mit."
Aylin lacht.
„Das geht ja gar nicht. Die Lampe geht nicht ab", sagt sie.
Deshalb bleiben Oma und Aylin zu Hause.
Sie schauen mit der Puppe Carlotta Bilderbücher an und essen Kekse.

Auch in diesem Rollenspiel können die Kinder beobachten lernen und gleichzeitig ein Gefühl für Räumlichkeiten entwickeln.

Auf dem Volksfest

Beim Volksfest ist es laut.

Aylin hat Angst und hält sich die Ohren zu.

Oma nimmt sie auf den Arm.

Wo sind denn die Kinderkarussells?

Oma kann keines entdecken.

„Da!" ruft Aylin.

Sie hat eine Eisenbahn entdeckt, die durch ein Zwergenland fährt. Überall sind kleine Zwerge mit roten Zipfelmützen.

In der Eisenbahn sitzen Kinder.

Aylin will auch mit der Eisenbahn fahren.

Oma kauft am Schalter eine Marke.

Die Eisenbahn hält und Oma setzt Aylin in einen Wagen.

Der Schaffner bekommt von Oma die Marke.

Es macht „düt-düt" und „klingelingeling", die Eisenbahn fährt ab.

Oma paßt genau auf, wo Aylins Wagen fährt.

Wenn er bei ihr vorbei fährt, winkt Oma und ruft: „Hallo, Aylin!"

Aylin lacht und winkt auch.

Dann hält die Eisenbahn.

Aylin muß aussteigen.

Aylin hat keine Angst mehr vor dem Lärm. Sie sucht mit Oma noch ein Kinderkarussell.

„Da!" ruft Aylin.

Sie hat ein Flugzeug-Karussell entdeckt.

Die Kinder sitzen in Tierwagen. Sie fliegen hoch oben – hui, hui, hui – immer im Kreis herum.

Auch ein großer, rosa Elefant fliegt mit.

Ob Aylin da mitfliegen will?

Ja, sie will.

Oma holt am Schalter eine Marke und gibt sie Aylin.

„Die Marke gibst du dem Schaffner", sagt Oma. Aylin nickt und hält die Marke ganz fest.

Das Karussell hält an.

Aylin sucht sich einen Platz. Sie will neben einem großen Mädchen sitzen. Oma hebt sie in den Wagen.

Hinter Aylin wartet der große, rosa Elefant auf Kinder.

„Du mußt schön sitzen bleiben und dich festhalten", sagt Oma.

Ein Mann sammelt die Marken ein. Aylin gibt ihm ihre Marke.

Das Karussell fährt los.

Die Wagen heben vom Boden ab. Es geht hoch hinauf und immer im Kreis herum.

Ob Aylin sich auch gut festhält?

Oma hat ein bißchen Angst, aber sie sieht, daß Aylin lacht.

„Hallo Aylin!" ruft Oma und winkt.

Hinter Aylin fliegt der große, rosa Elefant. Er sieht lustig aus.

Alle Tier-Flugzeuge landen wieder auf dem Boden. Das Karussell hält an.

War das aufregend!

Oma ist froh, daß sie Aylin wieder hat.

Aylin klatscht in die Hände.

„Nochmal!" lacht sie.

„Neuland" ist für Kinder immer spannend und ein wenig beunruhigend zugleich. Deswegen ist es gut, wenn Sie als vertrauter Erwachsener Ihr Kind auf neuen Wegen begleiten. Wenn es dann die neue „Örtlichkeit" (Volks- oder Stadtteilfest) besser kennt, wird es sich immer selbständiger bewegen und bestimmte Dinge (Karussellfahren z. B.) eigenständig tun.

Tips zum Weiterspielen

Immer an der Wand lang: Mit geöffneten oder geschlossenen Augen immer an der Wand entlang durch die ganze Wohnung gehen.

Die klingende Wohnung: (Querverbindung „Hören") An alle Einrichtungsgegenstände klopfen und horchen, wie sie klingen. Beispiele: Wohnzimmerschrank, Tisch, Sessel, Blumentopf, Fensterbank, Lampe, Radio, Herd, Spüle, Badewanne.

Das Wohnungskarussell: Mit beiden Händen einen Spiegel so halten, daß man gut hineinsehen kann. Langsam am Ort drehen. Besonders reizvoll an Stellen, von denen aus man gut in mehrere Zimmer sehen kann.

11

Die Zeit wahrnehmen – Rhythmen des Lebens

Kinder haben anfangs noch keinen Zeitbegriff. Sie leben ganz und gar im Augenblick und darum fällt ihnen auch das Warten so schwer.

Nach und nach lernen sie Tagesabläufe kennen, verstehen, daß auf den Morgen die Mittagszeit und dann der Abend folgt, daß Tag und Nacht aufeinander folgen, daß die Wochen sieben Tage haben usw.

Sie erleben den Jahresablauf, unterschiedliche Jahreszeiten und wissen, in welchem Monat sie Geburtstag haben.

Sie entdecken, daß bestimmte Arbeiten Zeit in Anspruch nehmen, und die Eltern manchmal keine Zeit haben, um mit ihnen zu spielen. In diesen Situationen kann „Zeit", bzw. Zeitmangel als schmerzlich empfunden werden, denn „Zeit" bedeutet dann „Warten".

Raum- und Zeitwahrnehmung hängen eng zusammen.

Jede Bewegung im „Raum" braucht ihre Zeit. Das Frühstück braucht seine Zeit, das Waschen und Zähneputzen ebenfalls, wie auch der Weg zum Kindergarten. Dort vergeht die Zeit während des Spielens und unversehens ist Abholzeit.

Kinder lieben und brauchen übrigens wiederkehrende Zyklen und Rhythmen.

Es gibt viele Fingerspiele, Spiele und Lieder, die sich mit dem Tages- oder Jahresablauf befassen und den Kindern deren Verstehen erleichtern.

Reden Sie viel mit Ihrem Kind über Zeitabläufe, freuen Sie sich gemeinsam auf kommende Ereignisse – „noch dreimal schlafen ... noch zweimal schlafen ... noch einmal schlafen, dann ..."

Wer kennt es nicht, dieses gespannte, freudige Warten auf den Geburtstag, auf Weihnachten, Ostern, den Besuch der Großeltern usw.

Aylin telefoniert mit der Oma und mit dem Bär

Bei Oma klingelt das Telefon. Sie nimmt den Hörer ab.

„Hallo Oma!“ ruft es in Omas Ohr.

„Hallo Aylin!“ ruft Oma zurück.

„Hast du den Bär?“ fragt Aylin und Oma holt ihn schnell.

Der Bär macht eine tiefe Verbeugung am Telefon und ruft „Bäh“ in Aylins Ohr.

„Hallo Bär!“ ruft Aylin, und der Bär macht noch eine tiefe Verbeugung.

„Bäh“, sagt er nochmal in Aylins Ohr.

„Oma, hast du Zeit?“ fragt Aylin. „Ich will zu dir kommen.“

„Noch einmal schlafen, Aylin. Dann habe ich Zeit und du kannst kommen“, verspricht Oma.

Aylin legt den Hörer weg, und plötzlich ist Aylins Mama am Telefon.

Sie erzählt, daß Aylin auf dem Sofa liegt und die Augen zugemacht hat.

Dann kommt Aylin zum Telefon zurück und sagt:

„Ich hab' schon geschlafen, Oma. Jetzt kann ich kommen.“

„So schnell geht das nicht“, sagt Oma zu Aylin.

„Erst muß noch die dunkle Nacht kommen und der Mond und die Sterne, und Mama und Papa müssen in ihr großes Bett gehen und du, Aylin, mußt in dein kleines Bett gehen. Morgen früh wird es dann wieder hell, und dann ist es soweit. Dann kannst du kommen.“

Am anderen Ende der Telefonleitung bleibt es ganz still.

Was hat Aylin?

Oma spricht mit dem Bären. „Bär, ich glaube, Aylin ist traurig, sie spricht nicht mehr."

Der Bär macht eine tiefe Verbeugung und brummt „Bäh" ins Telefon.

Am anderen Ende der Telefonleitung ist es immer noch still.

Oma spricht wieder mit dem Bären: „Bär, ich freu' mich schon so, daß Aylin bald zu uns kommt. Nur noch einmal schlafen!"

Der Bär macht eine tiefe Verbeugung und brummt „Bäh" ins Telefon.

„Freust du dich auch schon, Bär?" fragt Oma ihn.

Der Bär macht drei tiefe Verbeugungen.

„Bäh, bäh, bäh!" sagt er ins Telefon und Aylin lacht.

Das Zeitgefühl entwickelt sich bei Kindern erst langsam. Wenn Sie Ihrem Kind erzählen, daß Sie morgen die Oma besuchen wollen, wird Ihr Kind um so ungeduldiger sein, als es sich unter dem „morgen" noch nichts vorstellen kann. Es handelt sich um einen abstrakten und dem kindlichen Vorstellungsvermögen nur begrenzt zugänglichen Begriff. Versuchen Sie es vielleicht mit „noch einmal schlafen". Meist können sich die kleineren Kinder so eine besseres Bild von der verbleibenden Wartezeit machen, was die Geduldsprobe des Ausharrens etwas erträglicher macht.

Die Puppe Carlotta will auf Aylins Arm

Aylin hämmert Nägel in ein Stück Holz.

Die Puppe Carlotta sitzt daneben und schaut zu.

Bumbumbum hämmert Aylin. Sie trifft mit dem Hammer immer den Nagel.

Die Puppe Carlotta will nicht mehr daneben sitzen.

„Ich will auf Aylins Arm", piepst sie.

Aber Aylin hat keine Zeit.

„Ich kann dich jetzt nicht auf den Arm nehmen, weil ich was zu tun habe", sagt Aylin.

Bumbumbum hämmert Aylin.

„Nimmst du mich auf deinen Arm?" fragt die Puppe Carlotta und geht ganz nah an Aylins Gesicht.

„Ich schimpfe jetzt mal mit dir", sagt Aylin und schaut Carlotta streng an.

Die Puppe Carlotta weint: „Huhuhu".

Oma nimmt sie auf den Arm und tröstet sie:

„Wenn Aylin fertig ist, nimmt sie dich bestimmt auf den Arm."

Aylin macht eine Pause. Das Bumbumbum hört auf.

„Nimmst du mich jetzt auf den Arm?" fragt Carlotta.

„Jetzt muß ich schon wieder arbeiten", sagt Aylin.

Sie nimmt den Hammer und fängt an.

Bumbumbum hämmert Aylin.

Ein Glück, daß Oma die Puppe Carlotta nehmen kann, bis Aylin wieder Zeit hat.

Spielt auch Ihr Kind gerne Mama und Papa? Wahrscheinlich, denn die meisten Kinder lieben es, in die Erwachsenenrolle zu schlüpfen und Macht auszuüben, indem sie über andere bestimmen oder ihnen etwas verweigern.
Lassen Sie Ihr Kind ruhig diese Stark-Schwach-Rollen auskosten, denn so wird es auch die jeweils andere Seite der Medaille kennenlernen und dabei eigene Erlebnisse besser verarbeiten.

Schule spielen

Oma ist bei Aylin zu Besuch. Sie spielen zusammen in Aylins Zimmer.

„Oma, ich erzähl dir mal was", sagt Aylin.

Oma hört zu.

Aylin hat einen großen Jungen getroffen. Er heißt Tino und geht schon in die Schule.

Aylin wäre auch gerne schon ein Schulkind.

„Ich bin der Tino", sagt Aylin.

„Guten Tag, Tino", sagt Oma und gibt Tino die Hand.

Sie ist traurig, weil Aylin nicht mehr da ist. Aber vielleicht spielt Tino ein bißchen mit ihr?

„Ich hab' keine Zeit", sagt Tino, „ich muß in die Schule."

Er klettert in Aylins Gitterbettchen, denn dort ist die Schule.

Oma hört, daß in der Schule gesungen wird.

Ihr ist so langweilig. Wenn nur Aylin da wäre.

Endlich kommt Tino aus der Schule. Oma fragt ihn, ob er Lust hat, mit ihr zu spielen.

„Ich hab' keine Zeit", sagt Tino, „ich muß Hausaufgaben machen."

Er setzt sich an Aylins Tischchen und fängt gleich damit an. Oma schaut zu.

Ihr ist so langweilig. Wenn nur Aylin da wäre.

Oma fragt Tino: „Weißt du, wie es meiner lieben Aylin geht?"

Tino schaut von seiner Hausaufgabe hoch.

„Die kleine Aylin hat bald Geburtstag", sagt er, „du wirst auch eingeladen."

Da freut sich Oma wieder.

Kleinere Kinder finden Schulkinder ganz toll und wollen sie oft im Spiel nachahmen.
Begrüßen Sie es, wenn auch Ihr Kind „Schulkind" spielt, und nehmen Sie es ernst, wenn Schulfreundschaften, Unterricht oder Hausaufgabenmachen in Szene gesetzt werden.
Ihr Kind versucht nun wirklich den Tagesablauf und das soziale Leben eines Schulkindes nachzuerleben und lernt dabei, andere Kinder besser zu verstehen und soziale und zeitliche Regelungen einzuhalten. Wie alle Rollenspiele wird auch diese Nachspiel-Geschichte die Vorstellungskraft Ihres Kindes fördern.

Tips zum Weiterspielen

Zeitlupe: Alle bewegen sich eine Zeitlang nur noch im Zeitlupentempo (Setzen, Stellen, Legen, Tisch decken, Essen, Trinken, Spielen usw.).

Ratespiel „Was fällt schneller“: Ein Bleistift oder ein Papierblatt? Ein Waschlappen oder ein Chiffontuch? Ein Schlüssel oder eine Feder?

Vorher raten und dann auch wirklich ausprobieren.

Monats-Bewegungsspiel: Im Januar fährt Ski der Hans – Im Februar liebt er Faschingstanz – Im März ein Frühlingslied erklingt – April die Ostereier bringt – Im Mai hört er den Kuckuck drauß' – Im Juni pflückt er einen Strauß – Im Juli liegt er faul im Klee – August schwimmt er in einem See – September fängt die Schule an – Oktober fliegt sein Drachen dann – November bleibt er warm im Haus – Dezember kommt der Nikolaus.

Beim Vorlesen während der Bindestriche lange Pausen machen, damit das Kind Zeit zur Darstellung hat. (Aus: „Die Welt ist schön 1" von Karin Schaffner, Pohl-Verlag)

12

Vertrauen und Geborgenheit finden

Geben Sie Ihrem Kind Nähe, Wärme, Liebe und Geborgenheit, damit es Vertrauen schöpfen und entfalten kann. Vertrauen zu sich selbst, Vertrauen zu den Mitmenschen und Vertrauen ins Leben.

Damit es „Ja" zum Leben sagen kann.

Kinder müssen unterstützt, gestreichelt, gedrückt und liebkost werden.

Urvertrauen entwickelt sich nur in sicherer Geborgenheit.

Wer dieses Urvertrauen hat, wird sich im Leben angenommen fühlen, wird selbst Nähe und Liebe zulassen und schenken können.

Ich habe dich so lieb

Oma sitzt auf dem Sofa. Sie ist müde.

Aylin hat sich in Omas Arm gekuschelt.

Sie wiegen sich hin und her, und hin und her, und hin und her.

Das gefällt ihnen.

„Weißt du, wie hoch ich dich lieb habe?" fragt Aylin.

„Wie hoch denn?" fragt Oma.

Sie streichelt Aylins Rücken.

„Na, bis zur Sonne", sagt Aylin.

Sie kuschelt sich noch tiefer in Omas Arm.

Oma freut sich.

„Das ist sehr hoch", sagt sie zu Aylin, „so lieb hab ich dich auch."

Oma und Aylin wiegen sich weiter.

Hin und her, und hin und her, und hin und her.

Wir wissen alle, daß unsere Kinder die Gewißheit brauchen, geliebt und aufgehoben zu sein. Das ist eigentlich die Voraussetzung für die positive Entwicklung eines jeden Menschen.
Zu dieser Liebes-Gewißheit gehört aber auch körperliche Nähe: Schmusen und kuscheln Sie mit Ihrem Kind, wiegen und streicheln Sie es. Nur Mut, auch die Schüchternen unter den Eltern werden bald spüren, wie schön und wichtig der Körperkontakt zu ihrem Kind ist. Als verantwortliche Eltern werden Sie die notwendigen Grenzen dieser Körperlichkeit spüren.
Wenn Ihr Kind dann etwas größer ist, wird es viel Spaß daran haben, seine Zuneigung auch verbal auszudrücken, z. B. wie Aylin in einer ganz unkonventionellen Art.

„Gute Nacht, mein Spatz"

Aylin und Oma liegen zusammen im Bett.

Auch die Puppe Caroline und der Pandabär haben noch einen Platz gefunden. Die Puppe Caroline ist Aylins Schlafpuppe.

Aylin hat ihren Daumen im Mund und ihren Schmusepelz in der Hand.

Es ist dunkel.

Gerade, als Oma schon fast einschläft, sagt Aylin:

„Ich hab nochmal Durst."

Oma macht Licht, holt Wasser und gibt es Aylin zu trinken.

Aylin kniet im Bett und trinkt, und Oma sieht, daß der Durst groß war.

„Gute Nacht, mein Spatz“, sagt Oma und macht das Licht wieder aus.

Gerade, als Oma schon fast einschläft, sagt Aylin:

„Der Pandabär ist runtergefallen“.

Oma macht das Licht an und hebt den Pandabären auf.

„Gute Nacht, mein Spatz“, sagt Oma und macht das Licht aus.

Gerade, als Oma schon fast einschläft, sagt Aylin:

„Mein Musepelz ist weg.“

Oma rührt sich nicht. Sie hört, wie Aylin im Dunkeln sucht.

„Wo ist der Musepelz?“ fragt Aylin, und Oma hört, wie sie im Bett herumwühlt.

Oma seufzt und macht das Licht an. „Da ist dein Schmusepelz“.

Oma deckt Aylin noch schön zu, flüstert „Gute Nacht, mein Spatz", und macht das Licht aus.

Gerade, als Oma schon fast einschläft, sagt Aylin: „Der Musepelz ist schon wieder weg."

„Oh, du kleines Monster, kannst du nicht schlafen?" stöhnt Oma.

„Nein", seufzt Aylin bekümmert. „Vielleicht kann ich in deinem Arm schlafen."

„Komm", flüstert Oma, und Aylin krabbelt in ihren Arm.

Bald schläft Aylin tief und fest.

Vielleicht schläft auch Ihr Kind gelegentlich gerne in Ihrem Bett ein. Ohne daß dies nun sofort zur Regel werden muß, können Sie Ihr Kind getrost ab und zu in der großen Geborgenheit des elterlichen Bettes einschlafen lassen. Vielleicht tut auch Ihnen dieser gelegentliche Kuschelkontakt gut, und womöglich ruhen Sie eher in Morpheus' Armen als Ihr Kind.

Tips zum Weiterspielen

Blindenführer: Das Kind dreht sich mit geschlossenen Augen im Kreis und wird dann an beiden Händen gefaßt durch die Wohnung geführt (der/die Führende geht dabei rückwärts). Irgendwann stehen bleiben und den Standort raten lassen. Rollentausch!

Kerzenschein: Sich gemeinsam in der Dämmerung um eine brennende Kerze setzen und ihr Flackern beobachten. Das Kind kann dann beschreiben, welche Farben die Flamme hat.

Mutsprung: Das Kind springt von einem erhöhten, kippsicheren Standort in die Arme des Erwachsenen. Evtl. den Abstand vergrößern.

Kinderwünsche wahrnehmen

Helen I. Bachmann
Kinderfreundschaften – Start ins Leben
192 Seiten, Paperback
ISBN 3-451-23572-2

Patricia H. Berne/Louis M. Savary
Kinder brauchen Selbstvertrauen
Tips und Ratschläge für Eltern
Aus dem Amerikanischen von Peter Brandenburg
160 Seiten, Paperback
ISBN 3-451-23752-0

Armin Krenz
Was Kinderzeichnungen erzählen
Kinder in ihrer Bildsprache verstehen
Mit 8 Farbtafeln und zahlreichen s/w-Abbildungen,
192 Seiten, Paperback
ISBN 3-451-23695-8

Norbert Gürtler/Doro Kammerer
Stillwerden und entspannen
Übungen und Vorlesegeschichten zum autogenen Training
mit Kindern
128 Seiten, Paperback
ISBN 3-451-23638-9

Gisela Preuschoff
Kinder zur Stille führen
Meditative Spiele, Geschichten und Übungen
160 Seiten, kart.,
ISBN 3-451-23897-7

Gertrud Kaufmann-Huber
Kinder brauchen Rituale
Ein Leitfaden für Eltern und Erziehende
160 Seiten, Paperback
ISBN 3-451-23574-9

Cordelia Alber-Klein/Regina Hornberger
Das Bach-Blüten-Buch für die Familie
Kinder und Eltern entdecken sich selbst
Mit Farbabbildungen der 38 Bach-Blüten,
160 Seiten, Paperback
ISBN 3-451-23787-3

Heide Häberle/Dietrich Niethammer
Leben will ich jeden Tag
Leben mit krebskranken Kindern und Jugendlichen
Erfahrungen und Hilfen
272 Seiten, Paperback
ISBN 3-451-23112-3

Lone Hertz
Ich sage nichts, weil ich mich vor der Welt fürchte
Eine Mutter baut ihrem autistischen Sohn Brücken ins Leben
Aus dem Dänischen von Ilse Bauer
256 Seiten, Paperback
ISBN 3-451-23742-3

Daniela Tausch-Flammer/Lis Bickel
Wenn Kinder nach dem Sterben fragen
Ein Begleitbuch für Kinder, Eltern und Erzieher
176 Seiten, Paperback
ISBN 3-451-23141-7

HERDER